MW01617030

Frères et sœurs
sans
rivalité

Des mêmes auteures

Livres

Between Brothers and Sisters:
A Celebration of Life's
Most Enduring Relationship

Liberated Parents / Liberated
Children: Your Guide to a
Happier Family

How To Talk So Kids Will Listen
& Listen So Kids Will Talk

How To Talk So Kids Can Learn:
At Home and In School

How to Talk So Teens Will Listen
& Listen So Teens Will Talk

Versions françaises

À paraître peut-être un jour…

Parents épanouis, enfants épanouis :
Cultivez le bonheur dans votre famille

Parler pour que les enfants écoutent,
écouter pour que les enfants parlent

Parler pour que les enfants apprennent,
à la maison et à l'école

Parler aux Ados pour qu'ils écoutent,
les écouter pour qu'ils parlent

Livres pour enfants

Bobby and The Brockles

Bobby and The Brockles
Go to School

À paraître

À paraître

Matériel d'atelier

How To Talk So Kids Will Listen

Siblings Without Rivalry

Parler pour que les enfants écoutent

Frères et sœurs sans rivalité

Renseignements supplémentaires :

www.fabermazlish.com   ou   *www.auxeditionsduphare.com*

Adele **Faber** et Elaine **Mazlish**

Frères et sœurs
sans
rivalité

Manuel de survie
pour une famille plus sereine!

Illustrations de Kimberly Ann Coe

Traduit en français par Roseline Roy

AUX
ÉDITIONS
DU PHARE

CAP-PELÉ, CANADA

Titre original : *Sibling Without Rivalry*
© 2012, 1998, 1987, Adele Faber et Elaine Mazlish
Illustrations : Kimberly Ann Coe

Titre français : *Frères et sœurs sans rivalité*
© Aux Éditions du Phare, 2013
Traduction : Roseline Roy
Un merci spécial à Jeannine Robichaud et Céline Brassart!
Illustration de la couverture : Réjean Roy, www.rejean.ca
Graphisme et conseil à l'édition : Raymond Thériault
Impression : Marquis Imprimeur inc.

ISBN : 978-2-9811610-1-7

Cet ouvrage est publié en vertu d'un accord conclu entre
Aux Éditions du Phare et Adele Faber et Elaine Mazlish.

Distribution :   **Aux Éditions du Phare**
1234, allée des Hirondelles
Cap-Pelé (Nouveau-Brunswick)
E4N 1R7 Canada
Tél. : (506) 577-6160
info@auxeditionsduphare.com
www.auxeditionsduphare.com

Imprimé au Canada

À tous les frères et sœurs adultes
qui portent encore en eux un enfant blessé...

Table des matières

« Qu'il est bon et doux pour des frères et sœurs
de vivre en harmonie. »

Le livre des Psaumes

Nous désirons remercier...

Nos maris, qui nous ont sans cesse soutenues et encouragées. Chaque jour, ils nous redonnaient confiance, surtout lorsque le projet n'avançait pas aussi rapidement que nous le souhaitions.

Nos enfants, qui à l'époque nous ont fourni la matière première de ce livre. Jeunes adultes, leurs remarques pertinentes nous ont ouvert les yeux sur ce que nous aurions pu faire autrement.

Les parents, qui en participant à nos ateliers, ont bien voulu explorer et tester cette nouvelle approche avec leurs enfants. Leurs expériences et leurs prises de conscience nous ont aidées à enrichir le contenu de ces pages.

Toutes les personnes, qui nous ont fait part de leurs sentiments passés et présents à l'égard de leurs frères et sœurs.

Kimberly Ann Coe, notre illustratrice, qui a su capter l'essence de ce que nous voulions communiquer à travers nos bandes dessinées et qui a mis en scène tout un monde de parents et d'enfants attachants.

Linda Healey, la directrice littéraire dont rêve tout écrivain. Elle respecte le message et le style des auteurs et c'est avec douceur et persistance qu'elle les aide à viser l'excellence.

Robert Markel, qui nous a fidèlement soutenues durant toute notre carrière. Nous ne pouvons plus nous passer de son bon goût et de son jugement.

Et enfin, notre mentor, le regretté Dr Haim Ginott, qui nous a permis de comprendre comment les flammes ardentes de la rivalité entre frères et sœurs peuvent être réduites à de petites lueurs inoffensives.

Comment ce livre a vu le jour

Alors que nous étions en train d'écrire le livre *How To Talk So Kids Will Listen and Listen So Kids Will Talk*[1], un problème est apparu. Le chapitre sur la rivalité entre frères et sœurs n'en finissait plus. Nous avions déjà écrit plus d'une centaine de pages et nous n'en étions qu'à la moitié. Désespérées, nous avons tout repris depuis le début. Nous avons sélectionné, abrégé, condensé... bref, tout fait pour que le chapitre soit proportionnel au reste du livre. Toutefois, plus il nous fallait réduire le contenu, moins nous étions satisfaites.

Peu à peu, la vérité est apparue. Pour rendre justice à un sujet comme la rivalité entre frères et sœurs, nous devions y consacrer un livre entier. Une fois cette décision prise, tout s'est enchaîné. Notre ouvrage *Parler pour que les enfants écoutent* fournirait aux parents assez d'informations sur la gestion des conflits pour les soulager lors des moments les plus difficiles. Mais dans notre livre sur les relations entre frères et sœurs, nous aurions l'espace pour nous étendre sur le sujet, raconter nos frustrations face à nos enfants batailleurs. Nous pourrions aussi exposer les principes novateurs appris du Dr Haim Ginott, regretté psychologue pour enfants, lorsque nous participions à son groupe de parents. Nous aurions également la possibilité de partager les enseignements tirés de nos propres familles, de nos lectures et de nos interminables discussions. Enfin, nous y décririons les expériences des parents qui ont suivi nos ateliers sur la rivalité entre frères et sœurs.

---

1. Parler pour que les enfants écoutent, écouter pour que les enfants parlent.

Nous nous sommes également rendu compte que nos conférences nous donnaient une occasion unique de découvrir ce que des parents des quatre coins du pays pensaient des problèmes entre frères et sœurs. Nous avons rapidement constaté que nous soulevions là un sujet chargé d'émotions. Nous n'avions qu'à dire les mots « rivalité entre frères et sœurs » pour susciter une réaction intense et immédiate.

« Ces disputes me rendent folle ! »

« Je ne sais pas ce qu'il va se passer : soit ils vont s'entre-tuer, soit je vais m'en charger. »

« Tout va bien lorsque je suis avec mes enfants séparément, mais lorsqu'ils sont ensemble, je n'arrive plus à les supporter. »

De toute évidence, le problème était très courant et profondément ressenti. Plus nous discutions avec les parents des relations entre leurs enfants, plus ils nous dépeignaient un profil-type des causes de tout ce stress dans leur milieu familial. Prenons l'exemple de deux enfants qui se disputent l'amour et l'attention de leurs parents. Ajoutons-y l'envie qu'éprouve chaque enfant devant les succès de l'autre, le dépit qu'il ressent chaque fois que l'autre a un privilège, les frustrations qu'il n'ose faire subir à personne *d'autre* que son frère ou sa sœur, et l'on comprend aisément pourquoi, dans l'ensemble du pays, les relations entre frères et sœurs sont suffisamment chargées d'émotions pour provoquer une multitude d'explosions quotidiennes.

Nous nous sommes demandé : « Mais qu'est-ce que la rivalité entre frères et sœurs a de bon ? ». Certainement rien pour les parents. Et les enfants, peuvent-ils en tirer avantage ?

Tous les ouvrages que nous avons consultés défendaient l'utilité des conflits fraternels. Les luttes de pouvoir entre frères et sœurs forgent leur caractère et améliorent leur capacité d'adaptation. Leurs interminables bousculades à travers la maison stimulent leur rapidité et leur agilité. Leurs affrontements verbaux leur enseignent la différence entre blaguer et blesser. Par le biais de leurs disputes quotidiennes, les enfants apprennent à s'affirmer, à se défendre et à faire des compromis. Et parfois, l'envie suscitée par les talents particuliers de l'un peut inciter l'autre à redoubler d'efforts, à persévérer et à réussir.

C'est ce que la rivalité entre frères et sœurs offre de mieux. Le pire, comme les parents nous le disaient sans hésiter, serait que les enfants soient définitivement découragés ou affectés par cette compétition. Étant donné que le sujet de notre livre visait à prévenir et réparer tous les torts possibles, nous avons senti le besoin de réexaminer les causes de l'esprit de compétition qui oppose constamment les frères et sœurs.

Quel en est le fondement ? Les experts en la matière semblent s'entendre pour dire qu'en chaque enfant sommeille le désir profond de recevoir l'amour *exclusif* de ses parents. Ce désir serait à l'origine de la jalousie entre frères et sœurs. Pourquoi l'enfant tient-il tellement à avoir l'amour de ses parents pour lui tout seul ? Parce que la mère et le père sont la source merveilleuse de tout ce dont l'enfant a besoin pour survivre et se développer : nourriture, logement, chaleur, caresses, sens de l'identité, sentiment de valeur personnelle, sentiment d'être unique. C'est à la lumière de l'amour de ses parents et de leurs encouragements qu'un enfant développe ses compétences et apprend peu à peu à maîtriser son environnement.

Si un enfant a des frères et sœurs, pourquoi leur présence ne jetterait-elle pas un froid sur sa vie ? Les frères et sœurs menacent tout ce qui est essentiel à son bien-être. L'arrivée d'un enfant pourrait faire en sorte que le premier ait MOINS : moins de temps passé seul avec ses parents, moins d'attention s'il est blessé ou déçu, moins d'éloges... Pire encore, elle pourrait engendrer cette pensée : « Si papa et maman montrent tout cet amour, cet intérêt ou cet enthousiasme pour mon frère et ma sœur, c'est peut-être parce qu'ils sont plus importants que moi. Et s'ils sont plus importants que moi, ça signifie que je le suis moins pour eux. Et si j'ai moins de valeur à leurs yeux, je suis vraiment dans le pétrin. »

Pas étonnant que les enfants fassent tellement d'efforts pour être les *premiers* ou les *meilleurs*. Pas étonnant non plus qu'ils déploient tant d'énergie pour en avoir *toujours plus*. Ou mieux encore, pour TOUT obtenir. Les enfants se sentent en sécurité lorsqu'ils ont maman et papa pour eux tout seuls, tous les jouets, toute la nourriture et peuvent prendre toute la place.

Quelle tâche incroyablement difficile pour les parents! Ils doivent trouver le moyen d'assurer à chaque enfant qu'il est en sécurité, exceptionnel et bien-aimé. Ils doivent également aider les jeunes rivaux à découvrir la satisfaction du partage et de la coopération. Et d'une façon ou d'une autre, ils doivent préparer une base pour qu'un jour, chacun soit pour l'autre source de joie et de soutien.

Comment les parents assumaient-ils cette énorme responsabilité? Afin de le savoir, nous avons conçu un petit questionnaire.

Faites-vous quelque chose de particulier qui semble aider la relation entre vos enfants?

Dans le cas contraire, avez-vous remarqué quelque chose qui semble l'envenimer?

Vous rappelez-vous si vos parents ont fait quelque chose qui a encouragé l'hostilité entre vos frères et sœurs et vous?

Ont-ils fait quelque chose pour atténuer cette hostilité?

Nous leur avons également demandé de décrire les relations avec leurs frères et sœurs quand ils étaient enfants, leurs relations actuelles et quels sujets devraient être abordés dans un livre consacré à la rivalité entre frères et sœurs.

Puis, nous avons eu des centaines d'heures d'entretien avec des hommes, des femmes et des enfants d'origines sociales différentes, dont l'âge variait entre 3 et 88 ans.

Enfin, nous avons rassemblé tout notre matériel, l'ancien et le nouveau, et nous avons animé des séries de huit rencontres sur le thème de la rivalité entre frères et sœurs avec plusieurs groupes. Dès le début, certains parents se sont montré enthousiastes tandis que d'autres restaient sceptiques (« On voit bien que vous ne connaissez pas *mes* enfants ! »), d'autres étaient désespérés et prêts à tout essayer. Tous ont activement participé aux rencontres, ils ont pris des notes, posé des questions, fait des jeux de rôles et partagé le résultat des expériences réalisées dans leur *laboratoire maison*.

Ce livre est donc le fruit de nombreuses rencontres et années de travail, il est le témoignage de notre croyance qu'en tant que parent, nous *pouvons* faire une différence. Nous pouvons accentuer la compétition ou l'atténuer. Nous pouvons aussi inciter nos enfants à réprimer leurs sentiments hostiles ou à les exprimer en toute sécurité. Nous sommes même capables de susciter les disputes ou au contraire de favoriser la coopération.

Notre attitude et nos paroles sont puissantes. Nous n'avons plus de raison de nous sentir frustrés, affolés ou désemparés lorsque la *Bataille des frères et sœurs* éclate. Armés de nos nouvelles habiletés et de notre nouvelle vision, nous pouvons guider les adversaires vers la paix.

Note des auteures

Afin de vous faciliter la lecture de ce livre, nous racontons cette histoire comme si nous n'étions qu'une seule personne, nos six enfants sont représentés par deux garçons et les nombreux groupes que nous avons animés ensemble ou séparément n'en forment qu'un. Ce sont les seuls changements que nous avons apportés à la réalité. Quant au reste du livre (pensées, sentiments et expériences), tout s'est passé tel quel.

Adele Faber
Elaine Mazlish

CHAPITRE I

Frères et sœurs,
de l'enfance à l'âge adulte

Secrètement, je pensais que la rivalité entre les enfants était quelque chose qui ne pouvait arriver qu'aux autres. Une pensée orgueilleuse sommeillait en moi, je me croyais plus rusée que le gros monstre aux yeux verts. Jamais je ne ferai ces choses évidentes que font les parents pour rendre leurs enfants jaloux les uns des autres. Jamais je ne les comparerai, ne prendrai parti ou ne ferai de favoritisme. Si mes deux garçons se sentaient aimés autant l'un que l'autre, ils allaient peut-être se chamailler de temps en temps, mais qu'est-ce qui les pousserait à se disputer ?

Quoi que ça puisse être, ils l'ont trouvé.

Du matin au soir, les garçons semblaient n'avoir qu'un seul but : se rendre la vie impossible.

J'étais perplexe. L'intensité et la brutalité de leurs affrontements incessants me semblaient inexplicables.

Y avait-il quelque chose qui n'allait pas chez eux ?

Ou bien chez moi ?

Je me suis calmée après avoir confié mes peurs au groupe de parents du Dr Ginott. Quel bonheur de découvrir que ma situation n'était pas une exception ! Je n'étais pas la seule à vivre des journées remplies d'injures, de dénonciations, de coups, de pincements, de cris et de larmes. Je n'étais pas non plus la seule à avoir le cœur lourd, les nerfs en boule et à me sentir incompétente.

Enfant, on a tous vécu l'expérience d'être frère ou sœur, on pourrait alors penser qu'on sait à quoi s'attendre. Pourtant, la majorité des parents du groupe était aussi peu préparée que moi aux hostilités entre leurs enfants. Bien des années plus tard, alors que j'anime mon premier atelier sur la rivalité entre frères et sœurs, je dois admettre que rien n'a changé. Les gens sont impatients d'exprimer leur désarroi face aux différences entre leurs attentes idéalistes et la dure réalité.

« J'ai eu un deuxième enfant parce que je voulais que Céline ait une sœur, quelqu'un avec qui jouer, une amie pour la vie. Eh bien, maintenant elle a une sœur et elle la déteste ! Elle ne souhaite qu'une chose : la renvoyer d'où elle vient. »

« J'ai toujours pensé que mes fils seraient loyaux l'un envers l'autre. Même s'ils se disputaient à la maison, j'étais certaine qu'à l'extérieur, ils seraient des alliés. J'ai failli mourir en apprenant que mon aîné faisait partie d'un groupe qui se liguait contre son petit frère à l'arrêt d'autobus. »

« En tant qu'homme ayant grandi entouré de frères, je savais que les garçons ont l'habitude de se bagarrer, mais bizarrement, je m'étais imaginé que les filles s'entendaient bien. Ce n'est pourtant pas le cas de mes trois filles ! Et le pire, c'est qu'elles ont une mémoire d'éléphant. Jamais elles n'oublient *ce qu'elle m'a fait* la semaine dernière, le mois dernier ou il y a un an. Et elles ne pardonnent pas. »

« En tant qu'enfant unique, je pensais combler Charlotte avec l'arrivée de Lucas. J'étais assez naïve pour croire qu'ils allaient tout naturellement bien s'entendre. Et c'était le cas, jusqu'à ce qu'il commence à parler et à marcher ! Je continuais à me dire que ça irait mieux en grandissant. Mais ça n'a fait qu'empirer. Ils ont aujourd'hui 6 et 9 ans. Tout ce que Lucas a, Charlotte le veut. Tout ce que Charlotte a, Lucas le veut. Ils ne

peuvent pas rester l'un à côté de l'autre sans se donner des coups de pied ou se frapper. Et les deux me demandent sans arrêt :
– Pourquoi as-tu eu mon frère ?
– Pourquoi as-tu eu ma sœur ?
– Pourquoi je ne suis pas enfant unique ? »

« Je pensais bien échapper à la rivalité entre mes enfants en espaçant correctement les naissances. Ma belle-sœur m'avait conseillé de ne pas trop attendre entre chaque naissance, comme ça, les enfants joueraient ensemble comme les chiots d'une même portée. J'ai suivi son conseil... mais les enfants se bagarraient tout le temps. Puis, j'ai lu dans un livre que l'écart parfait était de trois ans. J'ai aussi essayé cette méthode, mais l'aîné et celui du milieu se sont ligués contre le cadet. J'ai attendu quatre ans pour le suivant, et maintenant ils viennent *tous* me voir en pleurant. Les plus jeunes se plaignent que l'aîné est méchant et autoritaire, tandis que l'aîné se plaint que les petits ne l'écoutent jamais. Pas moyen de s'en sortir ! »

« N'ayant jamais eu de problèmes lorsque mon fils et ma fille étaient petits, je ne comprenais pas pourquoi les gens étaient si préoccupés par la rivalité entre frères et sœurs. Eh bien, ils sont ados maintenant et rattrapent le temps perdu ! Ils ne peuvent pas rester ensemble plus d'une minute sans que ça fasse des étincelles. »

En écoutant la détresse du groupe, je me suis demandée : « Qu'est-ce qui les surprend autant ? Ne se souviennent-ils pas de leur enfance ? Pourquoi ne peuvent-ils pas se fier aux souvenirs de leurs relations avec leurs frères et sœurs ? Et moi, pourquoi mon vécu avec mes frères et sœurs ne m'a-t-il pas aidée à élever mes propres enfants ? Peut-être parce que j'étais la plus jeune de la famille et que ma sœur et mon frère étaient beaucoup plus âgés que moi. Je n'avais jamais eu l'expérience de voir deux garçons grandir ensemble. »

J'ai partagé ma réflexion avec le groupe. Tout le monde a vite admis que leurs enfants étaient également différents de leurs propres frères et sœurs en ce qui concerne le nombre d'enfants, les années qui les séparent, le sexe et la personnalité. Ils ont aussi fait remarquer que notre perspective était différente. Ne se faisant plus d'illusions, un père a ajouté : « Être l'enfant qui se bagarre, c'est une chose ; mais être le père ou la mère qui gère la situation, c'en est une autre. »

Même si la discussion portait calmement sur les différences entre la famille où nous avons grandi et celle que nous avons construite, de puissants souvenirs ont refait surface. Chaque participant avait une anecdote à raconter et, petit à petit, les frères et sœurs d'autrefois ont rempli la pièce, ainsi que les émotions violentes qui ont marqué ces relations :

> Je me souviens combien les moqueries de mon frère me mettaient en colère. Mes parents me disaient tout le temps : « Ignore-le et il te laissera tranquille. » Mais je ne pouvais pas rester indifférente. Il me harcelait sans arrêt jusqu'à ce que je pleure. Il me disait : « Tu n'as qu'à prendre ta brosse à dents et partir. De toute façon, personne ne t'aime. » Ça marchait à chaque fois. Je finissais toujours par pleurer.

> Mon frère aussi avait l'habitude de me taquiner. Un jour, quand j'avais environ 8 ans, j'étais tellement en colère contre lui parce qu'il avait essayé de me faire tomber de mon vélo que je me suis dit : « J'en ai assez ! Il faut que ça cesse. » Je suis donc rentrée à la maison et j'ai appelé la standardiste. (À l'époque, j'habitais un petit village isolé et nous ne pouvions même pas composer de numéro abrégé.) J'ai dit : « J'aimerais parler à la police, s'il vous plaît. » Elle a répondu : « Euh ben… » Au même moment, ma mère est entrée et m'a dit de raccrocher. Elle ne m'a jamais grondée, mais elle a dit : « Il va falloir que je parle de ça à ton père. » Quand mon père est rentré ce soir-là, je faisais semblant de dormir, mais il m'a réveillée et m'a simplement dit : « Tu ne peux pas faire ça quand

tu es en colère.» J'ai d'abord été soulagée de ne pas avoir été punie. Mais après, je me revois allongée, à nouveau en colère. Et impuissante. Mon frère n'avait pas le droit de s'en prendre à moi, peu importe ce que je lui faisais. J'étais *la petite fille à papa.* Quoi que je fasse, je m'en sortais toujours. Et j'ai fait des choses particulièrement horribles. Une fois, j'ai lancé de la graisse de lardon chaude sur mon frère. Une autre fois, je lui ai planté ma fourchette dans le bras. Parfois, il essayait de me plaquer au sol pour m'arrêter mais quand il me relâchait, j'en profitais pour lui faire mal. Un jour, alors que nos parents étaient sortis, il m'a donné un coup de poing au visage. J'en garde encore une cicatrice sous l'œil. C'est ce qui m'a arrêtée. Je ne l'ai plus jamais frappé.

Dans ma famille, il était catégoriquement interdit de se battre. Mon frère et moi n'avions même pas le droit d'être en colère l'un contre l'autre. Souvent, on se détestait mais on n'avait pas le droit de se disputer. Pourquoi? Parce que c'était interdit. On me répétait : « C'est ton frère. Tu *dois* l'aimer.» Moi, je répondais : « Mais, mamaaan, il me tape sur les nerfs et il ne pense qu'à lui! ». « C'est bien dommage, tu dois t'entendre avec lui.» Alors, j'ai dû ravaler ma colère parce que j'avais peur de ce qui arriverait si ça remontait à la surface.

Plus il y avait de participants qui exprimaient leurs souvenirs d'enfance, plus j'étais fascinée par chaque témoignage qui semblait catapulter le narrateur dans le passé et raviver les blessures et la colère d'autrefois. En quoi ces scénarios étaient-ils si différents de ceux que les parents avaient décrits plus tôt au sujet de leurs enfants? Le contexte et les personnages étaient différents, mais les sentiments étaient plus ou moins les mêmes.

« Les générations se ressemblent, a tristement fait remarquer un participant. Nous devons peut-être simplement accepter que les frères et sœurs sont des ennemis naturels. »

Un père s'est opposé : « Pas nécessairement. Mon frère et moi avons toujours été très proches. Quand j'étais petit, ma mère lui demandait souvent de s'occuper de moi, et il l'a toujours fait de bon cœur, même quand elle insistait pour qu'il attende que je finisse mon biberon avant d'aller jouer. Je ne voulais pas qu'on me force et lui ne voulait pas attendre, alors il le finissait pour moi. Puis, nous allions ensemble chez ses amis. »

Tout le monde s'est mis à rire. Une maman a dit : « Ça me rappelle ma sœur et moi. On était toujours complices, en particulier à l'adolescence. On se liguait contre notre mère chaque fois qu'on voulait se venger. Si elle nous grondait ou nous sermonnait, on faisait la grève de la faim à tour de rôle. Ça la rendait folle, elle trouvait que nous étions déjà trop minces. Elle nous faisait toujours boire des *milkshakes* ou des *smoothies*, alors le pire pour elle, c'était qu'on arrête de se nourrir. Mais on mangeait en cachette. Celle qui ne faisait pas la grève de la faim apportait du ravitaillement à l'autre. »

Elle s'est arrêtée et a froncé les sourcils : « Mais c'est une autre histoire avec ma petite sœur. Je ne l'ai jamais aimée. J'avais 10 ans quand elle est née et à partir de ce moment-là, le soleil ne brillait plus que pour elle. Ce n'était qu'une enfant gâtée. Et c'est encore le cas. »

« C'est probablement ce que diraient aussi mes sœurs aînées, a ajouté une autre femme. Elles avaient 8 et 12 ans quand je suis née, et je crois qu'elles étaient jalouses parce que j'étais la préférée de notre père. J'ai également eu plus d'avantages qu'elles. Mes parents avaient plus de ressources quand je suis née et je suis la seule qui est allée à l'université. Mes deux sœurs se sont mariées à 19 ans.

Depuis le décès de mon père, je me suis beaucoup rapprochée de ma mère. Elle s'est aussi rapprochée de mes enfants. Récemment, nous avons discuté de la possibilité que j'emménage avec elle, vous n'imaginez pas ce qui s'est produit. Quand ma mère a parlé de notre projet à mes sœurs, elles sont sorties de leurs gonds :

– *Nous* avons dû emprunter pour acheter notre maison...

– *Nous* avons trimé pendant des années pour en arriver là où nous en sommes aujourd'hui…

– *Elle* est allée à l'université… *Son mari* aussi… *Il* a un bon poste.

Je pense que ce qui me dérange le plus, c'est que mes neveux et nièces en veulent maintenant à mes enfants. Ils demandent :

– Mamie, pourquoi tu passes autant de temps avec eux ? Tu ne viens plus jamais nous voir !

Il n'y a pas de fin à la jalousie : elle se transmet d'une génération à l'autre. »

Des soupirs se sont fait entendre dans la pièce. Quelqu'un a fait remarquer que nous étions en train de toucher un sujet « très profond ». J'ai senti le besoin de faire le point avant de continuer : « Nous avons parlé de nous et de nos enfants, et jusqu'à maintenant, nous pensons que la relation avec nos frères et sœurs peut fortement influencer notre enfance en provoquant des émotions intenses, positives ou négatives. Ces mêmes émotions persistent à l'âge adulte et peuvent même être transmises à la génération suivante. »

Ce n'était pas tout, il y avait autre chose à rajouter, mais quoi ? Je me suis souvenue qu'enfant, mon frère et ma sœur me trouvaient encombrante, comme si j'étais toujours dans leurs jambes. Et même en tant qu'adulte qui réussit assez bien sa vie, j'ai encore parfois l'impression d'être de trop. Je me suis adressée au groupe : « Je me demande si ce serait exagéré de dire que notre vécu avec nos frères et sœurs peut influencer nos actions, nos pensées et l'image que nous avons de nous-mêmes aujourd'hui ? »

C'est à peine s'il y a eu un moment d'hésitation. D'un seul coup, quatre mains se sont levées. J'ai invité un père à nous donner son point de vue.

« Y'a pas de doute ! a-t-il dit. Je suis quelqu'un qui a besoin de diriger. Et je suis convaincu que c'est parce que je suis l'aîné de quatre garçons. Pour mes frères, j'étais un dictateur bien-veillant. Ils me regardaient toujours avec admiration et m'obéis-saient au doigt et à l'œil. Parfois, je les frappais, mais je les protégeais aussi des voyous du quartier.

Encore aujourd'hui, j'ai besoin d'être aux commandes. Récemment, j'ai reçu une excellente offre d'achat pour mon entreprise. On me proposait de la gérer pour les nouveaux pro-priétaires. Mais me connaissant, je ne pourrais jamais le faire. C'est moi qui doit être le patron. »

« Je suis le dernier de cinq garçons et j'en suis certain, mes frères ont influencé l'image que j'ai de moi aujourd'hui. Ce sont tous des hommes de pouvoir, qui excellent en tout, que ce soit dans les études, les sports, et ainsi de suite. Pour eux, c'était naturel. Enfant, j'essayais constamment d'être à la hauteur. Alors qu'ils s'amusaient, moi j'étais dans mes livres, en train de bûcher. Ils n'arrivaient pas à me comprendre. Ils avaient l'habi-tude de me surnommer, affectueusement bien sûr, "l'adopté".

Encore aujourd'hui, j'essaie de me surpasser. Mon épouse me reproche d'être un bourreau de travail. Elle ne comprend pas qu'une partie de moi continue à se démener sans compter pour être aussi bon que mes frères. »

Une dame a dit : « Depuis longtemps, j'ai renoncé à essayer d'être à la hauteur de ma sœur. Elle était si belle, si talentueuse ; je ne faisais tout simplement pas le poids. Et elle le savait.

Lorsque j'avais environ 13 ans, je me rappelle que nous nous préparions pour aller à un mariage. Je me trouvais plutôt mignonne. Elle s'est mise à côté de moi devant le miroir et a dit : "Je suis la fille ABC : admirable, brillante et captivante". Puis, elle m'a regardée en disant : "Toi, tu es la fille DDD : douce, droite et dévouée". Je ne l'ai jamais oublié. Et encore aujourd'hui, si quelqu'un me complimente, je pense : "Oui, oui, mais vous devriez voir ma sœur". »

« Pour moi aussi, la relation avec ma sœur a été éprouvante », a dit une femme d'une voix douce. Plusieurs participants ont tendu l'oreille pour mieux l'entendre. « Ma sœur m'a toujours… fait honte. » Elle a hésité, a pris une grande respiration et a continué. « Aussi loin que je puisse me souvenir, ma sœur avait des troubles émotionnels. Ses comportements étaient tellement étranges que je devais les expliquer à mes amis. Mes parents s'inquiétaient tellement pour elle que je me devais d'être la petite fille modèle, celle sur qui ils pouvaient compter. Même si j'étais la cadette, je me suis toujours sentie comme l'aînée.

La seule chose qui a changé avec le temps, c'est que le problème de ma sœur s'est aggravé. Et chaque fois que je la vois, même si je sais que ce n'est pas de sa faute, je lui en veux toujours de m'avoir privée d'une enfance ordinaire. »

J'étais stupéfaite. J'ai toujours été consciente du rôle des parents dans la vie de leurs enfants. Mais jusqu'à présent, je n'avais jamais réalisé que les frères et sœurs puissent avoir un tel impact les uns sur les autres.

Nous venions d'entendre un homme qui a encore besoin de tout contrôler, un autre qui cherche encore à se surpasser, une femme qui continue à ne pas se sentir à la hauteur, et une autre qui souffre toujours d'avoir été *la petite fille modèle*. Et tout ceci, à cause de la personnalité de leurs frères et sœurs.

Alors que j'étais occupée à m'imprégner de cette révélation, je me suis rendu compte qu'un homme du groupe parlait depuis un certain temps. Je me suis alors efforcée de l'écouter :

« … et à la maison, c'est mon père qui avait des hauts et des bas. Ma mère était très affectueuse et calme. Mais mon père était un homme de fort tempérament, aux actions imprévisibles. Il disait qu'il partait pour deux jours mais ne revenait qu'au bout de deux mois. Alors, nous nous sommes soutenus tant bien que mal, pour se protéger les uns les autres. Les grands prenaient soin des plus petits et dès que l'un d'entre nous était en âge de travailler, il se trouvait un emploi après l'école. Chacun contribuait avec ses économies. Si on ne s'était pas serré les coudes, on n'aurait pas réussi à s'en sortir. »

Quelqu'un a murmuré : « Mmm... magnifique... c'est émouvant... » Ce dernier témoignage réveillait en chacun le désir profond que leurs enfants soient *présents* les uns pour les autres avec amour, soutien et loyauté.

Une femme a ajouté : « Comme c'est inspirant ! Vous venez de décrire ce que j'ai toujours souhaité. Mais c'est à la fois décourageant. J'ai entendu parler de familles où les enfants ont dû s'allier pour affronter les problèmes de leurs parents. J'ai du mal à accepter l'idée que mon mari doive me quitter pour que mes enfants commencent à mieux se comporter les uns avec les autres. »

« Pour moi, c'est un jeu de hasard génétique, a renchéri un homme. Avec un peu de chance, vous obtenez la combinaison gagnante : des enfants qui s'entendent bien. Sinon, vous n'êtes pas au bout de vos peines. Mais d'une façon ou d'une autre, mes amis, ce n'est pas de notre ressort ! »

Une autre femme a répliqué : « Je n'accepte pas que ce soit une cause perdue. Aujourd'hui, nous avons entendu beaucoup d'exemples de parents qui ont empiré les choses entre leurs enfants, ce qui a eu pour effet de les éloigner les uns des autres. Si j'ai décidé de faire partie de ce groupe, c'est parce que je souhaite que mes enfants puissent un jour être amis. »

Ces mots m'étaient familiers. J'ai déclaré à haute voix : « Il y a une dizaine d'années, je pensais exactement la même chose. Ça me rendait folle. J'étais bien décidée à tout faire pour que mes deux fils soient amis. J'ai ainsi été entraînée dans un tourbillon d'émotions. Chaque fois que les garçons s'amusaient gentiment ensemble, j'étais aux anges. Je me disais : "Voilà, ils s'aiment *vraiment* ! Je suis une mère extraordinaire". Et chaque fois qu'ils se battaient, j'étais désespérée : "Ils se détestent, c'est de ma faute !" Un des plus beaux jours de ma vie a été celui où j'ai renoncé à mon rêve d'en faire de *bons amis* et j'ai décidé d'opter pour un objectif plus réaliste. »

Une femme semblait confuse. « Je ne suis pas certaine de comprendre où vous voulez en venir. », a-t-elle dit.

« Au lieu de m'inquiéter et de vouloir que mes fils deviennent amis, ai-je expliqué, j'ai cherché à leur transmettre les attitudes et compétences nécessaires à toute relation affective. Ils avaient tant de choses à apprendre. Je ne voulais pas qu'ils passent leur vie à chercher qui a raison et qui a tort. Je voulais qu'ils soient capables de dépasser ce genre de réflexion et qu'ils apprennent vraiment à s'écouter l'un l'autre en respectant leurs différences, en trouvant des façons de résoudre leurs problèmes. Même si leurs personnalités ne leur permettaient pas d'être amis, ils seraient au moins capables de se faire des amis et d'être l'ami de quelqu'un. »

Cette fois, la femme était déconcertée. Je pouvais comprendre pourquoi. Ça m'avait pris longtemps avant d'accepter ce que je venais de lui dire en quelques mots.

« Essayez de comprendre, ai-je ajouté, souvent, j'étais trop fatiguée, déçue ou en colère contre mes enfants pour faire des efforts. Mais lorsque j'ai été capable de les aider à passer des hurlements à une discussion rationnelle, je me trouvais géniale, une mère hyper compétente ! »

« Je ne sais pas si je saurais faire la même chose. », a-t-elle dit nerveusement.

« Je n'ai rien fait d'extraordinaire. Peu importe les habiletés que j'ai utilisées, vous pouvez également vous en servir, ai-je ajouté d'un ton réconfortant. Et vous allez commencer dès la semaine prochaine. »

En souriant timidement elle a dit : « Je ne sais pas si je vais arriver à tenir. Comment faire d'ici là ? »

Je me suis alors adressée au groupe. « Laissons-nous une semaine pour observer ce qui déclenche les conflits entre nos enfants. Essayez de tirer profit de leurs disputes. Écrivez les faits ou les échanges qui vous bouleversent. Lors de notre prochaine rencontre, nous partagerons nos découvertes. Ce sera notre point de départ. »

* * *

Sur la route du retour, je me suis mise à penser à mes fils, maintenant adultes. Je me souvenais très bien de la conversation qu'ils avaient eue la semaine précédente après un repas en famille.

Soudainement, je me suis revue debout dans ma salle à manger, en train de débarrasser la table. J'entendais ce qu'ils disaient alors qu'ils commençaient à nettoyer la cuisine.

Au début, ils plaisantaient sur la répartition des tâches. Chacun vantait sa spécialité et négociait afin d'éviter ce qui était le plus « dégueulasse ». Puis, la conversation est devenue plus sérieuse au fur et à mesure qu'ils comparaient leurs universités et leurs diplômes (l'un était en sciences, l'autre en arts). Le débat s'est brusquement enflammé autour de l'importance du rôle de l'artiste ou du scientifique dans la société. « Regarde Pasteur », « Oui, mais regarde Picasso ». Ils ont continué à argumenter, chacun essayant de convaincre l'autre. Et, finalement épuisés, ils ont reconnu que les *deux* avaient leur importance.

Après la tempête, ils ont parlé de leurs souvenirs d'enfance. Une colère passée a ressurgi et la dispute a repris de plus belle. La question était alors *qui avait fait quoi à qui et pourquoi*, chacun argumentait avec un regard d'adulte. Quelques instants plus tard, l'atmosphère s'est détendue, ils se sont mis à se raconter des souvenirs amusants en se tordant de rire.

On dirait presque que deux forces sont à l'œuvre : la première les divise lorsqu'ils utilisent leurs différences pour définir leur identité ; l'autre les rapproche pour qu'ils puissent reconnaître la singularité de leur lien fraternel.

En les écoutant d'une oreille distraite dans la pièce d'à côté, j'ai été étonnée par le calme qui m'habitait. Je me suis rendue compte que les variations constantes du *climat* de leurs relations avaient peu d'emprise sur moi. Je sais que les différences d'intérêts et de tempéraments qui les séparaient enfants, existent encore aujourd'hui. Mais je sais aussi qu'au fil des années, je les ai aidés à surmonter leurs différences respectives. Si un jour, ils ont besoin l'un de l'autre, ils ont de nombreux moyens d'y parvenir.

CHAPITRE II

Accueillir ce qu'ils ont sur le cœur

L a rencontre suivante a commencé de façon informelle alors que les participants enlevaient leurs manteaux. « Vous savez, ça m'a aidée de prendre des notes pendant que mes enfants se disputaient, a déclaré une mère. J'étais tellement occupée à écrire que ça ne m'a même pas contrariée ! »

« J'aimerais pouvoir en dire autant, a commenté une autre femme. À la fin de la semaine, je ne supportais plus ma fille aînée. »

Puis elle a ouvert son carnet à la première page : « Voulez-vous entendre ce qu'elle a servi à sa petite sœur pour le déjeuner [2] ce matin ?

Je suis contente de ne pas être assise à côté de toi.

Tu pues.

Papa m'aime plus que toi.

Tu es laide.

Tu ne connais même pas l'alphabet.

Maman doit encore lacer tes chaussures.

Je suis plus belle que toi. »

---

2. Utilisé au Canada pour désigner le *petit déjeuner*.

Les sons émis par les participants qui s'installaient ont indiqué que c'était du connu.

« Je pensais que mon fils passerait l'âge des cruautés enfantines, a dit un père avec lassitude. Mais adolescent, il continue à tourmenter son frère. Je n'oserais pas répéter les injures qu'il lui adresse. »

« Je ne comprends pas pourquoi certains enfants sont si méchants, a poursuivi une autre femme. Mon fils de 5 ans tire les cheveux du bébé, lui met les doigts dans le nez, dans les oreilles et dans les yeux. La petite a de la chance d'avoir encore ses pupilles. »

Je comprenais exactement ce qu'ils voulaient dire. Je me souviens de la confusion et de la rage que j'avais ressenties en apercevant deux longues égratignures dans le dos de mon bébé. Mon fils de 3 ans se tenait à ses côtés, un petit sourire sadique aux lèvres. Quel enfant terrible et cruel! Comment avait-il pu faire cela?

Afin de nous aider à comprendre la source de cette « méchanceté » chez nos enfants, j'ai suggéré aux participants de faire l'exercice suivant (Aux lecteurs/lectrices : Vous jugerez sans doute utile de noter vos propres réactions. Tout au long de l'exercice, si vous êtes un homme, remplacez le mot *femme* par *mari* et le pronom *elle* par *il.*) :

Imaginez que votre mari passe son bras autour de vos épaules en vous disant : « Chérie, je t'aime tellement, tu es si merveilleuse que j'ai décidé d'avoir une autre femme exactement comme toi. »

Votre réaction : _____

_____

Lorsque la nouvelle femme arrive enfin, vous constatez qu'elle est très jeune et plutôt mignonne. Quand vous sortez tous les trois, les gens vous disent poliment bonjour mais s'exclament admirativement devant la nouvelle venue. « N'est-elle pas ravissante? Bonjour charmante demoiselle... Quel trésor!» Ils se tournent ensuite vers vous et vous demandent : « Aimes-tu la nouvelle femme? »

Votre réaction : _____

_____

La nouvelle femme a besoin de vêtements. Votre mari ouvre votre garde-robe, il prend quelques-uns de vos chandails[3] et pantalons et les lui remet. Quand vous protestez, il vous fait remarquer que vous avez pris du poids et que vos vêtements sont devenus un peu trop justes mais qu'ils conviendront parfaitement à sa nouvelle femme.

Votre réaction : _____

_____

La nouvelle femme fait des progrès rapides. Chaque jour, elle semble de plus en plus intelligente et habile. Un après-midi, alors que vous vous acharnez à essayer de comprendre le fonctionnement de votre nouvel ordinateur, elle fait irruption dans la pièce et dit : « Oh, je peux l'utiliser? Je sais comment faire!»

Votre réaction : _____

_____

Comme vous refusez, elle court le dire à votre mari en pleurant. Peu après, elle revient, le visage barbouillé de larmes et le bras de votre mari autour de ses épaules. Il vous dit : « Pourquoi est-ce si difficile de prêter? Pourquoi refuser de partager avec elle? »

Votre réaction : _____

_____

_____

3. Utilisé au Canada pour désigner un gilet.

Un jour, vous trouvez votre mari et sa nouvelle femme allongés sur le lit. Il la chatouille et elle glousse. Soudain, le téléphone sonne et votre mari répond. Après son appel, il vous annonce qu'il doit partir immédiatement pour une affaire importante. Il vous demande de rester à la maison avec la nouvelle femme et de vous assurer qu'elle soit bien.

Votre réaction : _____

_____

Vos réactions n'étaient pas des plus affectueuses ? Les participants ont facilement reconnu que sous des dehors respectables et civilisés, se cachait en eux la capacité d'être mesquins, cruels et méchants. Ils voulaient se venger, faire souffrir et avaient des envies de meurtre. Même ceux qui se croyaient confiants, pourvus d'une grande estime d'eux-mêmes ont été surpris de constater qu'ils se sentaient en colère et menacés par la présence de *l'autre*.

« Une chose me dérange, a dit une femme. Cet exercice laisse penser que seul l'aîné réagit comme ça. Chez moi, c'est le bébé qui est en colère et se sent menacé. Ma petite a seulement 18 mois, mais elle attaque son frère de 4 ans sans raison apparente. Hier, pendant qu'il regardait la télé, elle s'est approchée de lui et lui a donné un coup de hochet sur la tête. Et encore ce matin, elle buvait paisiblement son biberon, couchée à côté de moi dans mon lit, mais dès que son frère a essayé de s'étendre de l'autre côté, elle s'est arrêtée et l'a poussé si fort qu'il est tombé par terre. »

La discussion a ensuite longuement porté sur les sentiments du plus jeune. Plusieurs parents ont décrit leurs enfants comme des « bagarreurs » qui, encore petits, sentaient le besoin de défier les plus grands. En revanche, d'autres ont raconté que leurs cadets, adorant une sœur ou un frère aîné, étaient blessés et troublés par leur rejet. Et une mère nous a exposé l'accablement et le découragement du plus jeune face à son incapacité d'être à la hauteur de l'aîné.

Un père semblait agacé par la tournure de notre discussion. « Franchement, a-t-il dit, je pense que nous attachons trop d'importance aux sentiments. Pour ma part, j'en ai assez de tout ce sentimentalisme chez moi. Quand j'arrive à la maison après une dure journée, mes trois filles se disputent, ma femme crie à tue-tête et toutes les quatre accourent vers moi en se plaignant les unes des autres. Je ne veux entendre personne raconter comment il se sent et pourquoi ! Je veux juste que ça s'arrête.

– Je constate votre impatience et votre frustration, lui ai-je dit, mais aussi curieux que cela puisse paraître, si nous osons espérer *en finir* avec tout ça, l'émotion même que nous voulons chasser à tout prix se doit d'être invitée, accueillie et traitée avec respect. »

Il m'a regardée d'un air renfrogné.

« Je sais que c'est très pénible de voir un enfant s'emporter contre un autre, ai-je dit, mais le danger d'interdire à la colère de s'exprimer, c'est qu'elle risque de se dissimuler et de réapparaître sous d'autres formes : soit en symptômes physiques soit en problèmes émotionnels. »

Maintenant, il avait l'air incrédule.

« Voyons voir ce qui nous arrive en tant qu'adultes, ai-je poursuivi, quand l'expression des sentiments négatifs n'est pas permise. Revenons à l'analogie du nouveau mari ou de la nouvelle femme. Supposons... »

Un autre homme m'a interrompue : « J'ai eu de la difficulté à me mettre dans cet exercice. Après tout, dans notre culture, ce n'est pas la norme qu'une personne ait un second conjoint. Ici, c'est même illégal. Tandis qu'il est tout à fait normal et légal que des parents aient plus d'un enfant ».

« Je comprends, ai-je poursuivi, mais dans cet exercice, supposons que les normes culturelles aient changé et que votre second mariage ait été approuvé par la loi. En raison d'une pénurie d'hommes ou de femmes au pays, une nouvelle loi oblige les membres du sexe le moins nombreux à avoir un autre conjoint.

– D'accord, a-t-il accepté à contrecœur, je peux me plier à l'exercice.

– Pourquoi pas?, a lancé une femme d'un ton malicieux, puisque vous faites partie du sexe rare!»

J'ai attendu que les rires se calment pour continuer. «Voilà maintenant un an que la nouvelle femme ou le nouveau mari est arrivé. Loin de vous être habituée à sa présence, vous vous sentez de plus en plus mal. Parfois, vous vous demandez si quelque chose ne tourne pas rond chez vous. Alors que vous êtes assise au bord du lit, triste et blessée, votre conjoint entre dans la chambre. Incapable de vous retenir, vous dites: "Je ne veux plus d'elle ici. Ça me rend très malheureuse. Pourquoi ne peux-tu pas t'en débarrasser?" Votre mari ou votre femme vous répondra de différentes façons. Notez votre réaction en réponse aux phrases qui suivent.»

1. C'est absurde. Tu es ridicule. Tu n'as aucune raison de te sentir comme ça.

   Votre réaction: _____

   _____

2. Ça me fâche vraiment quand tu parles comme ça. Si tu te sens ainsi, garde-le pour toi parce que je ne veux rien savoir.

   Votre réaction: _____

   _____

3. Écoute, ne me mets pas dans une situation impossible. Tu sais très bien que je ne peux pas la renvoyer. Nous formons une famille maintenant.

   Votre réaction: _____

   _____

4. Pourquoi faut-il toujours que tu sois si négative ? Débrouille-toi pour t'entendre avec elle et ne viens pas m'embêter pour de si petites choses.

Votre réaction : _____

_____

5. Je ne me suis pas remarié juste pour moi. Je sais que ça t'arrive de t'ennuyer, je pensais que tu aimerais avoir de la compagnie.

Votre réaction : _____

_____

6. Écoute, ma chérie… Arrête ça. Mes sentiments pour toi n'ont rien à voir avec elle. Mon cœur contient assez d'amour pour vous deux.

Votre réaction : _____

_____

Encore une fois, les participants ont été extrêmement surpris par leurs propres réactions. Certains se sont senti « idiots », « coupables », « fautifs », « fous », « vaincus », « impuissants » ou « abandonnés ».

D'autres ont dit : « Mon vrai moi est inacceptable »… « Je dois être une mauvaise personne »… « Il faut que je fasse semblant d'être heureuse de cette situation si je veux garder le peu d'amour qu'il reste pour moi »… « Il n'y a personne à qui parler, personne ne s'intéresse à moi. »

Mais le sentiment qui les a tous le plus étonnés, c'est ce désir puissant de faire du mal, peu importe le prix à payer. Ils voulaient créer des ennuis à la nouvelle venue ou au nouveau venu, lui infliger une blessure physique. Ça leur était égal de se blesser ou de s'attirer les foudres de leur conjoint. S'ils réussissaient à rabaisser cette personne à ses yeux, ça valait le coup.

Ils avaient aussi envie de blesser leur partenaire pour le punir de leur avoir fait autant de mal.

Pourtant quand nous nous sommes penchés sur ce qui avait suscité cette réaction « démesurée », il a fallu admettre que les mots utilisés n'avaient rien d'inhabituel. Réagir aux émotions « déraisonnables » d'une personne en niant les faits, en tentant de la raisonner, en lui donnant des conseils ou en cherchant à la rassurer était assez courant.

Lorsque j'ai demandé aux participants ce qu'ils attendaient de leur conjoint, ils ont répondu à l'unisson : « Qu'il se débarrasse d'elle ! » Après de grands éclats de rire satisfaits, ils ont réfléchi plus sérieusement à la question.

« S'il suffisait que je demande pour que mon mari se débarrasse d'elle, je serais inquiète. Je me dirais qu'il pourrait me réserver le même sort un jour. »

« Mon mari devrait me dire qu'il m'aime davantage et qu'elle ne signifie rien pour lui. »

« Je me satisferais peut-être de cette réponse sur le coup, mais je me demanderais ensuite s'il ne lui dit pas la même chose à mon sujet. »

« Alors, qu'est-ce qui pourrait vous satisfaire ? », ai-je demandé en plaisantant.

Il y a eu une courte pause, puis :

« Je voudrais avoir la liberté de dire toutes sortes de méchancetés, de faire des critiques sur la nouvelle femme (justifiées ou pas) sans qu'il ne la défende une seule fois, qu'il ne me dénigre ou qu'il ne se fâche. »

« Ou qu'il regarde sa montre. »

« Ou qu'il allume la télé. »

« Pour moi, le plus important serait de savoir qu'il a réellement compris comment je me sentais. »

Je me suis aperçue qu'il y avait seulement des femmes qui répondaient. Était-ce parce que j'avais surtout présenté l'exercice sous l'angle de la « nouvelle femme » plutôt que sous celui du « nouveau mari » ? Ou bien parce que notre société permet plus facilement aux femmes qu'aux hommes d'exprimer leurs sentiments ?

Cette fois-ci, je me suis donc adressée aux hommes : « Les femmes viennent d'exprimer leurs besoins. Je veux que vous essayez de répondre à leurs besoins ? Que répondez-vous à votre femme si elle dit :

– Je ne veux plus d'elle ici. Ça me rend très malheureuse. Pourquoi ne pas t'en débarrasser ? »

Les hommes m'ont regardée d'un air ébahi.

J'ai reformulé ma demande : « En fait, que pouvez-vous dire à votre femme pour lui signifier que vous comprenez comment elle se sent ? »

Je voyais des regards inquiets. Finalement, un homme s'est aventuré : « Je ne savais pas que tu te sentais comme ça. », a-t-il risqué.

Armé de courage, un autre a dit : « Je ne savais pas que tu éprouvais des sentiments si forts. »

« Je réalise à quel point cette situation est difficile pour toi », a rajouté un autre.

Me retournant vers les femmes, j'ai demandé : « Et d'après vous, comment dire à votre mari que vous comprenez ses sentiments envers le *nouveau mari* ? »

Une main s'est levée. « Ça doit être vraiment difficile pour toi qu'il soit toujours là. »

Une autre : « Tu peux me dire ce qui te dérange, je suis prête à t'écouter. »

Et enfin : « Je veux savoir ce que tu ressens ; parce que tes sentiments sont très importants pour moi. »

On a entendu un soupir. Quelques personnes ont applaudi. Pas de doute, elles avaient aimé ce qu'elles venaient d'entendre.

Je me suis tournée vers le père qui en avait assez du « sentimentalisme ». « Qu'en pensez-vous ? », lui ai-je demandé.

Il a souri d'un air piteux et a répondu : « C'est sans doute votre façon détournée de nous montrer comment s'y prendre avec nos enfants plutôt que d'essayer de les faire taire. »

J'ai acquiescé. « Même en tant qu'adultes qui font semblant, ai-je dit, nous sentons comme il est réconfortant que quelqu'un puisse écouter nos sentiments négatifs. C'est la même chose pour les enfants. Ils ont besoin qu'on les aide à extérioriser leurs sentiments et leurs désirs envers leurs frères et sœurs, même les plus amers.

« D'accord, a-t-il répondu, mais les adultes sont capables de se contrôler. Si vous laissez les enfants libres d'exprimer des sentiments pareils, j'ai peur qu'ils ne veuillent ensuite les traduire par des gestes.

– C'est important de faire la distinction entre sentiments et actions, ai-je répliqué. Nous permettons aux enfants d'exprimer tous leurs sentiments. Nous ne leur permettons pas de se blesser les uns les autres. Notre devoir est de leur apprendre à exprimer leur colère sans faire de mal. »

J'ai sorti les documents que j'avais photocopiés pour l'atelier. « Voici des bandes dessinées qui illustrent comment cette théorie peut être mise en pratique avec des tout-petits, des plus grands et des adolescents. »

Au lieu de mettre de côté les sentiments négatifs qu'un enfant éprouve envers un autre, reconnaissez ces sentiments

Au lieu de…

Trouvez des mots
pour exprimer les sentiments

Au lieu de…

Trouvez des mots
pour exprimer les sentiments

Au lieu de…

Trouvez des mots
pour exprimer les sentiments

Accordez aux enfants, de façon imaginaire,
ce qu'ils ne peuvent obtenir dans la réalité

Au lieu de…   Exprimez ce que peut désirer l'enfant

Au lieu de…   Exprimez ce que peut désirer l'enfant

Au lieu de…   Exprimez ce que peut désirer l'enfant

Aidez les enfants à canaliser leurs sentiments hostiles vers une expression symbolique ou créative

Au lieu de…   Encouragez une expression créative

Au lieu de…   Encouragez une expression créative

Au lieu de…   Encouragez une expression créative

Arrêtez les comportements brutaux.
Montrez comment exprimer la colère en toute sécurité.
Évitez d'attaquer l'attaquant

Au lieu de…

Montrez une meilleure façon
d'exprimer la colère

Au lieu de…

Montrez une meilleure façon
d'exprimer la colère

Au lieu de…

Montrez une meilleure façon
d'exprimer la colère

Nous avons passé le reste de la soirée à examiner les bandes dessinées, à commenter les habiletés proposées et à les mettre à l'essai.

« Quand mon fils se plaindra encore que sa grand-mère passe trop de temps avec le bébé, peut-être que je devrai lui dire quelque chose du genre :

– Tu souhaiterais qu'elle passe plus de temps avec toi, n'est-ce pas ? »

« La prochaine fois que Jeanne essayera de frapper son frère, je lui dirai d'exprimer sa colère avec des mots plutôt qu'avec des coups. »

Tous étaient occupés à imaginer comment mettre ces nouvelles habiletés en application avec leurs enfants, plus particulièrement dans les moments difficiles.

J'ai remarqué que certains parents commençaient à avoir les yeux dans le vide, c'était d'ailleurs le moment de mettre fin à notre rencontre.

En rangeant leurs effets personnels, des participants se sont mis à plaisanter :

« Qui peut se rappeler de tout ça ?

– Toutes les choses qu'on ne doit pas dire, je les ai dites. Ça me rend malade !

– C'est trop m'en demander. Ce serait plus facile d'envoyer mes enfants chez un thérapeute une fois par semaine.

– Une fois par semaine ? Compte tenu de ce qui se passe entre les miens, j'aurais besoin d'un thérapeute à domicile. »

En les écoutant, j'ai pensé : « C'est troublant de se retrouver dans cette zone d'ombre où l'on sait ce qui ne va pas mais où l'on ne sait pas comment faire pour le corriger. Pas surprenant qu'ils soient inquiets ! »

Mais ayant déjà *vécu cela*, je savais qu'il s'agissait d'un malaise passager. Avec du temps, de la pratique et un peu de succès, ils constateraient bientôt que toutes ces habiletés sont à leur portée. Sans trop le savoir, ils étaient déjà sur la bonne voie.

Un bref rappel…

Les frères et les sœurs ont besoin que leurs sentiments réciproques soient reconnus

L'ENFANT : « Il a pris mes patins neufs. Je vais le tuer. »

Par des mots qui traduisent le sentiment :

« Tu as l'air fâché ! »

ou

Par des souhaits

« Tu souhaiterais qu'il te demande la permission avant de prendre tes affaires. »

ou

Par une activité symbolique ou créative :

« Et si tu fabriquais une affiche *Propriété privée* pour accrocher à la porte de ton placard… »

Les enfants ont besoin qu'on les empêche de se faire mal

« Arrête ! On ne fait pas mal aux autres ! »

Et qu'on leur montre des façons acceptables de manifester leur colère

« Dis-lui *avec des mots* à quel point tu es fâché.
Dis-lui : "Je ne veux pas que tu utilises mes patins sans ma permission." »

Les questions

La semaine d'après, les participants sont revenus débordants de questions et impatients de raconter ce qui s'était passé chez eux. Voici d'abord leurs questions :

J'ai voulu montrer à mon fils que je comprenais sa colère. Je lui ai même dit : « Je sais que tu n'aimes pas ton frère. » Mais on dirait que ça l'a fâché davantage. Il a crié : « Non, ce n'est pas vrai ! » Qu'est-ce que je n'ai pas bien fait ?

La plupart des enfants vivent des sentiments partagés envers leurs frères et sœurs ; ils se sentent embarrassés ou irrités si on leur dit qu'ils n'éprouvent que de la haine. Il vaudrait mieux dire : « J'ai l'impression que tu éprouves deux sentiments envers ton frère. Parfois, tu l'aimes beaucoup ; et parfois, tu es vraiment en colère contre lui. »

Quoi faire de l'enfant qui n'arrête pas de dire qu'il hait son frère ? Quand je réponds : « Je vois bien que tu le hais », il réplique à tue-tête : « Oui, je le hais ». Je dis : « Oh ! Tu le détestes vraiment ! », il crie : « C'est vrai, je le déteste. » Et ça ne nous mène nulle part.

On peut aider l'enfant qui fait du surplace avec sa colère en reformulant son émotion. N'importe quelle phrase suivante pourrait le faire avancer :

« J'entends que tu es très fâché contre David. »

« Il a fait quelque chose qui t'a vraiment dérangé. »

« Il a dit quelque chose qui t'a sûrement mis en colère. »

« Tu veux me décrire ce qui s'est passé ? »

Je dis à ma fille de 3 ans : « Ne frappe pas ta sœur. Va dans ta chambre et frappe plutôt ta poupée. » Mais elle refuse et continue à s'en prendre au bébé. Est-ce que je dois changer de méthode ?

Demander à l'enfant de s'éloigner de vous, avec la consigne d'aller frapper sa poupée, n'est pas la même chose que de l'inviter à exprimer ses sentiments en le faisant en votre présence. Il serait plus utile de dire : « Je ne peux pas te laisser faire du mal au bébé, mais tu peux te servir de ta poupée pour me montrer comment tu te sens. »

Les mots-clés sont « me montrer comment tu te sens ». Pendant que l'enfant brandit un doigt accusateur devant la poupée ou qu'elle lui assène des coups, le parent peut verbaliser le sentiment que l'enfant cherche à exprimer.

« Elle t'agace vraiment. »

« Parfois, elle te rend furieuse ! »

« Je suis contente que tu m'aies montré comment tu te sentais. Si ça t'arrive encore, n'hésite pas à me le dire. »

J'ai essayé cette technique. J'ai demandé à ma fille de 3 ans de me montrer ce qu'elle ressentait vis-à-vis du bébé en se servant de sa poupée. Quand elle lui a cogné la tête sur le plancher, j'ai réalisé que c'était peut-être bénéfique pour elle, mais moi, je ne supportais pas de la voir faire. Suis-je la seule à me sentir comme ça ?

Vous n'êtes pas la seule. D'autres parents ont réagi de la même façon. Ils se sont rendu compte que c'était beaucoup plus facile de voir leur enfant utiliser de vieux oreillers, de la pâte à modeler, de la peinture ou des crayons et du papier comme mode d'expression.

« Veux-tu me faire un dessin pour me montrer comment tu te sens ? »

« Ces zigzags noirs me disent que tu en colère ! »

« Cette façon de secouer l'oreiller me dit que tu te sens *Grrr!!!* »

Et quand on n'a pas de matériel sous la main, on peut toujours faire appel aux mots :

« Je ne peux pas te laisser pincer le bébé, mais tu peux utiliser des mots pour me dire à quel point tu es fâchée. Tu peux me dire très fort : JE SUIS FÂCHÉE ! »

Lorsque la famille nous rend visite et se pâme devant le bébé, j'ai remarqué que mon enfant de 5 ans le prend très mal. Quand ils partent, il se défoule sur elle. Qu'est-ce que je peux faire ?

Ne serait-il pas merveilleux de pouvoir museler ces gens bien intentionnés ? Quand vous ne pouvez pas prévenir la famille du problème à l'avance, vous pouvez protéger votre fils contre une partie de la douleur qu'il éprouve en ouvrant la discussion sur ce qu'il peut ressentir :

« J'ai l'impression que c'est difficile pour toi de voir tout le monde faire autant de manières autour de ta petite sœur, avec tous ces commentaires du genre : "Elle est tellement mignonne" (même si tu sais qu'ils ont fait la même chose avec toi quand tu avais le même âge). Si ça arrive encore, fais-moi signe, un clin d'œil par exemple et je t'en ferai un à mon tour. Alors, tu sauras que je sais. Ce sera notre secret. »

Mon fils semble incapable de se mettre à la place de sa sœur. Dernièrement, je lui ai demandé : « Aimerais-tu qu'elle te fasse la même chose ? » Mais il ne me répond jamais. Pourquoi ?

La question le met dans l'embarras. S'il vous répondait en toute honnêteté, il serait bien obligé d'admettre que ça lui déplairait. Si vous souhaitez que votre fils soit capable de se mettre à la place d'une autre personne, prouvez-lui qu'il est digne de confiance. « Je suis persuadée que tu es capable d'imaginer comment tu te sentirais si on te faisait la même chose. » Il doit alors se demander : « Est-ce que je peux l'imaginer ? Comment je *me sentirais* ? » L'important c'est qu'il puisse se répondre à lui-même.

Mon adolescente se plaint tout le temps de son frère, parfois, c'en est trop! Dois-je l'écouter à chaque fois?

Nous aurons tous des moments où nous ne serons plus en mesure d'écouter. Et c'est important que nos enfants le sachent. Vous pouvez dire à votre fille : « Je vois que tu es très fâchée contre ton frère, mais en ce moment, c'est très difficile pour moi de t'écouter. Asseyons-nous ensemble après le dîner pour en discuter. »

Estimant qu'elle n'avait pas assez de patience pour écouter leurs plaintes continuelles, une mère a acheté un carnet à chacun de ses enfants, un cahier personnel de revendications, pour y écrire ou y dessiner chaque fois qu'ils étaient fâchés l'un contre l'autre. Dès le départ, ces cahiers ont trouvé leur utilité et ont entraîné une diminution notable de la fréquence des plaintes portées à l'attention de la mère.

Les témoignages

Même si j'ai maintenant de nombreuses années d'expérience en animation de groupes, je suis toujours étonnée de voir comment les parents réussissent, après deux ou trois rencontres seulement, à mettre la théorie en pratique. Ils le font avec justesse et originalité. Les témoignages suivants sont, pour la plupart, fidèlement rapportés tels qu'ils ont été écrits ou racontés au groupe. Quelques-uns ont été légèrement modifiés. Les noms des enfants ont été changés.

Tous ont été surpris d'entendre les deux premières histoires. Des exemples de frères et sœurs qui, avant même la naissance, étaient déjà sources de problèmes.

Je suis à mon septième mois de grossesse. Quand j'ai appris à Emma (5 ans) que j'allais avoir un bébé, elle n'a rien dit. Mais la semaine dernière, elle a mis la main sur mon ventre en disant : « Je déteste le bébé. » J'ai été très surprise, mais j'étais contente qu'elle aborde le sujet. Je savais bien qu'elle devait avoir du ressentiment. Si elle était assez à l'aise pour me le dire, c'est qu'elle avait confiance en moi. Mais même si je m'y étais préparée, attendant presque ça arrive, c'était comme une petite bombe.

Je lui ai dit : « Tu as bien fait de me le dire, Emma. As-tu l'impression que je n'aurai plus assez de temps pour toi quand le bébé sera là ? » Elle a fait oui de la tête. J'ai dit : « Si tu te sens comme ça, viens me le dire et je m'arrangerai pour passer du temps avec toi. »

La bombe a été désamorcée. Depuis, elle n'en a plus reparlé.

* * *

QUAND MA FEMME ET MOI avons annoncé à Raphaël (6 ans) que sa mère était enceinte, il a sauté de joie. Mais après une minute de réflexion, il a dit : « Pas question ! » Cette nuit-là, il a commencé à faire pipi au lit.

Après l'arrivée du bébé, Raphaël n'a montré aucune animosité envers elle. Il a même été très bon avec sa sœur, il l'a tenue dans ses bras, en a pris soin, il était très protecteur. Mais avec sa mère, c'était une autre histoire ! Il essayait de lui donner des coups de pied, de la frapper. Elle a mis un terme à tout ça en lui disant : « Je ne te laisserai pas me faire mal ! » Alors, Raphaël a commencé à barbouiller toute la maison avec du dentifrice ou de la vaseline. En plus, nous avons reçu un appel de son enseignante. Elle nous a informés qu'il n'écoutait plus en classe et que sa « capacité d'attention était limitée ».

Katia et moi en avons discuté et nous nous sommes demandé si Raphaël se comportait de cette façon parce que nous ne lui avions jamais donné l'occasion d'exprimer ses sentiments. J'ai donc commencé à lui dire le genre de choses que nous apprenons dans ce groupe : « Ça te rend peut-être furieux de voir maman s'occuper tout le temps du bébé, l'allaiter, changer ses couches… »

Et Katia lui a dit : « Quand une maman a un bébé, les autres enfants croient parfois qu'elle ne les aime plus. Si ça t'arrive de penser ça, viens me le dire tout de suite, je te ferai alors un gros câlin bien *spécial*. »

Pas de doute, ça nous a aidés. Le comportement de Raphaël s'est beaucoup amélioré à la maison. Un soir de portes ouvertes à l'école, sa maîtresse nous a confié : « C'est incroyable ! Je ne sais pas ce qui est arrivé à Raphaël, mais c'est maintenant un de mes meilleurs élèves. C'est lui qui a le plus de facilité en lecture ! »

L'histoire suivante met en scène une mère qui tente de mettre ses nouvelles habiletés en pratique avec son fils de 10 ans, Julien. Tant bien que mal, elle reconnaît les sentiments de son fils même si ce qu'il a à dire provoque en elle une grande colère.

Quelques jours après notre dernière rencontre, les enfants étaient en retard en rentrant de l'école alors j'ai décidé d'aller à leur rencontre. J'ai vu Nicolas (6 ans) qui venait vers moi en pleurant à chaudes larmes, suivi par Julien, son frère (10 ans).

J'ai couru vers Nicolas, il m'a dit en sanglotant que Julien lui avait donné des coups de poing, l'avait poussé par terre et lui avait donné des coups de pied.

J'étais rouge de colère. J'avais envie de gifler Julien, mais je me suis retenue. J'ai plutôt serré Nicolas dans mes bras en tentant de le consoler. Quand il a été apaisé, je lui ai donné une collation, puis il est allé jouer dehors.

Pendant ce temps-là, Julien tournait autour de nous et nous observait. Quand Nicolas est sorti, Julien m'a demandé : « Et moi, quand vas-tu écouter ma version de l'histoire ? ». J'ai répondu : « Maintenant ». Il m'a alors raconté que trois garçons avaient menacé de le frapper, pour leur échapper, il avait laissé tomber son cartable et s'était réfugié dans les bois. Quand il a pu sortir du bois en toute sécurité, il s'est rendu compte que Nicolas avait pris son cartable sans sa permission. Julien ne voyait pas

en quoi il avait mal agi en frappant son frère : Nicolas
« l'avait bien mérité »... Heureusement pour Julien, j'avais assisté à l'atelier.

Non sans peine, j'ai dit : « Puisque Nicolas avait ramassé ton cartable pour le rapporter à la maison sans ta permission, tu t'es senti en droit de le frapper. »

« C'est ça!, a-t-il pratiquement hurlé, c'était *mon* cartable! »

Ne sachant plus comment m'y prendre, je suis allée à la cuisine préparer le repas. Après un moment, Julien m'a suivie. Il était silencieux, debout devant moi. J'ai levé les yeux, et il m'a dit à voix basse : « J'aimerais dire quelque chose, mais je ne peux pas. »

Je lui ai répondu que j'étais prête à l'écouter. Il se tenait là, triste et incapable de dire quoi que ce soit. Je lui ai demandé : « Est-ce que tu pourrais l'écrire? »

Il est allé chercher un bout de papier sur lequel il a écrit : « Je sens que j'ai peut-être frappé Nicolas trop fort. » J'ai seulement dit : « Oh. »

Il restait là, debout, l'air encore malheureux. J'ai dit : « Tu te sens très mal à cause de tout cela ».

Il a fait signe que oui. Puis, il a déballé ce qu'il avait sur le cœur, toutes les émotions qu'il avait ressenties lors de l'incident. Il était fou furieux... Les autres enfants lui avaient vraiment fait peur... Et il a finalement dit : « Tu sais maman, si ces enfants ne s'en étaient pas pris à moi, je n'aurais pas tapé Nicolas ». J'ai dit : « Je vois. »

Toute la soirée, Julien s'est montré particulièrement gentil avec son frère.

Un père a trouvé une façon tout à fait originale d'aider sa fille à exprimer l'agressivité qu'elle ressentait envers son frère. Non seulement il a été capable de mettre des mots sur ses sentiments, mais il a aussi mis ses mots sur papier.

Hier soir, Manon était furieuse contre son frère. J'ai tenté de lui dire que je comprenais, mais elle parlait avec tant de colère qu'elle ne m'entendait même pas. Finalement, j'ai saisi un crayon et j'ai essayé d'écrire ce qu'elle disait :

« Manon proteste vigoureusement contre le fait qu'Alexandre écoute ses conversations sur une autre ligne pendant qu'elle est au téléphone.

Elle déteste qu'il mâche bruyamment à table et qu'il se gratte les dents avec sa fourchette. Elle trouve ça dégoûtant !

Elle affirme qu'il n'a pas le droit d'entrer dans sa chambre sans frapper. Elle dénonce plus particulièrement le fait qu'il rit lorsqu'elle lui hurle de sortir. »

Quand elle a fait une pause pour reprendre son souffle, j'ai lu mes notes. Elle écoutait ses mots avec grand intérêt. Je lui ai demandé s'il y avait autre chose. Elle a rajouté deux autres griefs, que j'ai aussi écrits.

Puis j'ai dit : « Alexandre devrait voir cette liste. Mais il me semble que recevoir cinq plaintes d'un coup, c'est beaucoup, peux-tu en choisir une ou deux, celles qui te dérangent le plus ? »

Elle a repassé la liste en silence, a encerclé deux points et elle a mis le papier dans sa poche.

J'ignore complètement ce qui est arrivé par la suite. J'ai eu envie de lui demander, mais je pense que c'est mieux de ne pas m'en mêler.

Dans cet état d'esprit plutôt nouveau, encore au stade expérimental, les parents étaient curieux de voir s'ils pouvaient donner par l'imaginaire ce qu' ils ne pouvaient donner à l'enfant offensé dans la réalité. Parfois, les résultats ont été étonnants.

En pleurant, Roy (5 ans) est venu me raconter l'histoire pathétique de ses malheurs : Billy lui avait fait ceci cela. Il l'avait fait sortir de sa chambre en le traitant de « petit morveux ».

LA MÈRE : Ça t'a sûrement blessé... Tu aurais souhaité qu'il te dise gentiment qu'il voulait être seul.

ROY : (*Ne dit rien, mais cesse de pleurer.*)

LA MÈRE : Tu aurais bien aimé qu'il te dise : « Viens, Roy, viens jouer avec moi ! »

ROY : Oui, et qu'il me laisse regarder dans son télescope.

LA MÈRE : Aussi longtemps que tu le voulais.

ROY : Et qu'il me donne quelques autocollants. C'est ce que je ferais si j'avais un petit frère.

LA MÈRE : Tu sais exactement le genre de grand frère que tu serais.

ROY : Ouais (*pris d'une soudaine inspiration*) ! Tu n'as qu'à avoir un autre bébé !

Je n'ai pas su quoi rajouter.

L'apprentissage de ces nouvelles habiletés a posé un problème de taille aux parents. Ils s'imposaient la contrainte de toujours « bien faire » ou « bien dire » les choses. Heureusement, ils ont vite compris que les enfants nous donnent toujours une seconde chance. Voici comment un père a su changer de cap au beau milieu d'une confrontation orageuse :

L'approche de l'anniversaire de Claire (8 ans) a éveillé du ressentiment chez Gabriel (11 ans), il était bougon. Il refusait totalement de collaborer. Quand sa mère lui a demandé de ranger ses affaires qui traînaient au sous-sol, lieu de la fête, il a dit : « Laisse-moi tranquille ! » Ça m'a tellement irrité ! Je lui ai dit qu'il était insupportable et je l'ai envoyé dans sa chambre. Il y est allé en s'assurant au passage de claquer la porte de toutes ses forces.

Je n'arrivais pas à croire qu'il puisse agir de manière aussi puérile. Après tout, il avait 11 ans. Puis j'ai réalisé que malgré son âge, toute cette agitation et les préparatifs entourant la fête de Claire avaient pu le toucher. Quand je suis allé le voir, je me sentais plus sympathique envers lui.

J'ai dit : « J'imagine que c'est agaçant d'entendre le mot « anniversaire, anniversaire » toute la semaine. En particulier quand tu dois encore attendre le tien longtemps.

– Cinq mois, a-t-il répliqué avec colère. »

J'ai dit: « Je pense que c'est six ».

Il a compté sur ses doigts : « Avril, mai, juin, juillet, septembre.

– Et le mois d'août? ai-je demandé.

– Oh, non! J'ai oublié août. Sale mois d'août! C'est encore plus long! »

J'ai ajouté : « Je parie que tu aimerais changer octobre de place avec le mois prochain, comme ça tu pourrais commencer à planifier ton anniversaire dès maintenant. »

Il a souri pour la première fois ce jour-là. Après un court échange dans le même sens, je l'ai laissé seul dans sa chambre.

Quelques minutes plus tard, on l'entendait siffler en faisant du rangement au sous-sol pour l'anniversaire de Claire.

L'idée d'aider les enfants à exprimer leurs sentiments négatifs les uns envers les autres sous une forme créative a été plutôt lente à faire son chemin parmi les participants. Une femme nous dit avoir, à quelques reprises, vivement recommandé à ses enfants d'écrire ou de dessiner ce qu'ils ressentaient, ils ont refusé. Quelqu'un lui a suggéré que, comme les enfants imitent leurs parents, la prochaine fois qu'elle se sentirait en colère, elle devrait peut-être dessiner ou écrire comment elle se sent en présence de ses enfants.

La dame a poliment écouté, mais elle avait l'air sceptique. Néanmoins, lors de la séance suivante, elle a rapporté l'expérience qu'elle avait vécue en suivant ce conseil.

Le matin suivant notre rencontre, ma télé est tombée en panne. J'ai donc appelé mon voisin réparateur qui est venu aussitôt. En moins de 10 secondes, il avait diagnostiqué le problème : la fiche électrique était mal enfoncée dans la prise de courant. Il lui a donné un petit coup et la télé s'est rallumée. Je me suis sentie stupide.

Puis il a préparé la facture, calculant le plein tarif d'un service à domicile, sans oublier la taxe ! J'ai essayé de lui faire entendre raison, mais il a ignoré mes protestations. En sortant, il m'a lancé : « Ne vous rendez pas malade pour si peu, ça n'en vaut pas la peine. »

J'avais envie de lui crier des obscénités, mais les enfants étaient tous là à me regarder. J'ai pris un gros carnet et j'ai écrit en haut de la feuille :

Je suis en COLÈRE !!!

Je hais cet homme. C'est un voleur.

C'est un escroc sans scrupule.

Je ne le ferai plus jamais venir chez moi.

Je raconterai aux voisins ce qu'il a fait.

Puis, j'ai fait un portrait repoussant de lui avec la langue pendante et des billets à la place des yeux.

Ça m'a soulagée. Mon dessin vulgaire m'a fait rire. Quand mon mari est rentré, les enfants étaient impatients de lui raconter ce qui s'était passé.

Au début, il était plutôt mécontent, mais quand il a vu le dessin, il a éclaté de rire lui aussi.

C'est comme ça que tout a commencé. Depuis, mes enfants ne peuvent plus s'arrêter d'écrire ou de dessiner. Voici ce que mon fils de 10 ans a écrit (à l'ordinateur) au sujet de son grand frère :

Une liste des défauts d'Alex

1. **Stupide**
2. **Borné**

3. Idiot
4. Arriéré mental
5. Moqueur
6. Méchant
7. Bon à rien
8. Bizarre
9. Fou
10. Dégueulasse

Conclusion

Si vous rencontrez Alex, vous allez immédiatement le détester. Ces renseignements sont confidentiels.

Le service secret

Et voici le dessin que ma fille m'a remis un matin. Elle a dit : « Alex a cassé mon crayon rouge et il l'a fait exprès! Ce dessin te montre comment je suis fâchée! »

Deux participants du groupe faisaient face à un problème particulièrement difficile. Chacun avait un enfant qui s'en prenait physiquement à un plus jeune et lui faisait mal. Bien qu'ils aient mis à contribution toutes les habiletés nouvellement apprises, la plus utile a été : « Dis-le avec des *mots*! »

Les mots utilisés étaient violents, souvent horribles pour les parents, mais la fréquence des agressions a considérablement diminué.

J'entendais les enfants qui se disputaient dans la chambre de Laure. Le ton de leurs voix était rendu très fort. Puis, Enzo est sorti à toute vitesse pour se réfugier dans sa chambre.

Il est revenu dans la chambre de Laure et lui a dit : « Sais-tu à quel point je suis fâché contre toi? Je suis tellement fâché que j'aurais envie de te trouer comme les trous que je suis en train de faire dans ce papier! » (Je pouvais entendre le crayon transpercer le papier.) « Je ne te le fais pas, mais crois-moi, j'aimerais que tu sois ce papier! »

C'est une amélioration tellement extraordinaire de son comportement. Il y a deux semaines, il lui aurait sûrement fait mal.

* * *

Chloé (7 ans) n'a aucune maîtrise de ses mouvements d'humeur. Son frère n'a qu'à la regarder en louchant, et elle lui saute dessus.

Hier, elle a recommencé pendant qu'on filait à cent dix kilomètres à l'heure sur l'autoroute.

Chloé :   (*cris perçants*) Clément m'a frappée dans l'œil avec son jouet!

Clément : Non, c'est pas vrai!

Chloé :   Menteur!

CLÉMENT :   Je n'ai pas fait exprès. Je le faisais seulement tourner.

Dans le rétroviseur, je vois Chloé qui lève le poing, prête à frapper.

MOI :   Oh Chloé, ça doit te faire mal ! Un coup dans l'œil peut être douloureux, même quand c'est un accident... Et ça peut aussi mettre en colère. Dis à Clément comment tu te sens.

Chloé lui a balancé une série d'injures, mais au moins, elle ne s'est pas servie de ses poings. Ça m'a épaté.

Bien que certains parents aient été impressionnés par les progrès de ces enfants, d'autres ne se sont pas sentis à l'aise face à l'utilisation d'un langage aussi agressif entre eux. Après en avoir discuté, nous avons convenu que le meilleur moyen d'aider un enfant à avancer vers un discours plus civilisé, c'était d'être des modèles pour eux. Si nous voulions souligner l'importance de trouver des alternatives aux coups et aux injures, il fallait nous-mêmes en trouver. Voici ce qu'un père a fait :

J'ai trois filles adolescentes, et nous nous traitons de tous les noms. Mon épouse et moi les dénigrons et elles en font autant entre elles. Lors de la dernière rencontre, nous avons compris qu'il fallait que ça cesse. Donc, l'autre soir, alors que deux des filles se chamaillaient à propos d'une glace et que l'une a dit : « Espèce de truie ! », je suis intervenu : « Un instant ! Votre mère et moi, nous avons eu une idée. Pourquoi ne pas s'asseoir et en discuter ? »

Après nous être tous assis, j'ai dit : « Vous savez, nous nous blessons trop les uns les autres avec ces injures. Nous vous faisons de la peine, vous vous faites de la peine... Nous allons essayer d'arrêter ça le plus vite possible. »

Les filles n'ont pas beaucoup réagi, se contentant de dire : « D'accord, Papa, c'est bon... On ne le fera plus. » Mais ce qui est bien, c'est que nous avons enclenché un processus. Dorénavant, lorsqu'elles commencent à se quereller et que l'une d'entre elles dit : « Sors de ma chambre, idiote ! », au moins je peux m'en mêler et dire : « Eh ! On s'est tous mis d'accord sur une chose. On ne se dit plus d'insultes ! Je ne le fais plus et vous non plus. Dis-lui ce qui te dérange. » Sans que l'on ne s'en rende compte, un dialogue s'est rapidement amorcé.

Et les filles me rappellent aussi à l'ordre quand je perds patience. Elles me disent : « Papa, je croyais que tu avais dit plus d'insultes. » Alors, je dis : « C'est vrai. Je suis désolé. J'étais bouleversé... D'accord, je n'aime pas que... »

Ce n'est pas grand-chose, mais ça fait toute la différence.

Le témoignage qui suit nous a été transmis par une mère qui donnait la fessée à son enfant de 5 ans quand il maltraitait le bébé. Cette fois, elle a essayé une autre approche.

J'avais passé une matinée épouvantable avec mes deux enfants grincheux. Sur le chemin du retour après les courses, j'étais soulagée de voir que la petite s'était enfin endormie dans la voiture. J'aurais donc le temps de décharger la voiture avant de lui donner son biberon. Pendant que je vidais les sacs de courses, Paul ne faisait que gémir et m'embêter. Je lui ai demandé de vérifier si Ariane dormait encore. Il tardait à revenir, je suis sortie pour voir ce qui se passait. Le bébé pleurait tandis que Paul secouait le hochet devant son visage. J'ai demandé à Paul s'il avait réveillé sa sœur et il a dit oui. Il en avait assez qu'elle dorme aussi longtemps.

J'ai dû faire appel à toute ma volonté pour me retenir de le frapper. J'ai plutôt abaissé le siège auto d'un coup sec en criant à quel point j'étais fâchée. J'ai pris la petite et je l'ai amenée à la maison.

Paul ne rentrait pas. Il s'est enfermé dans l'auto comme pour se punir lui-même. Je me suis dit : « Tant mieux ! Qu'il reste là ! »

Environ dix minutes plus tard, il est rentré en me disant qu'il se détestait. À ce moment-là, j'ai retrouvé mon calme.

« Je crois que nous avons un problème, lui ai-je dit. Parlons-en. » Nous nous sommes assis ensemble à la table de cuisine. « Parfois, tu aimes ta petite sœur, et parfois, tu es en colère contre elle, vraiment très en colère. » Il a acquiescé. « Trouvons des solutions pour que ce soit plus facile. »

Avant même que je puisse ajouter quoi que soit, il a vite suggéré : « Quand je suis fâché, tu devrais m'empêcher de m'approcher d'Ariane parce que je passe ma colère sur elle. »

J'étais renversée de voir à quel point il pouvait être en contact avec ses sentiments. Je n'aurais jamais cru qu'un enfant de 5 ans était capable d'aussi bien les nommer. Depuis ce moment, nous avons réussi à éviter de nombreux problèmes. Quand il est de mauvaise humeur en voiture, il demande pour changer de siège. Ou quand Ariane l'embête, je lui suggère d'aller jouer dans une autre pièce.

Ce dernier incident nous a été raconté par une femme qui était habituellement silencieuse durant nos rencontres. Dès que je l'ai entendue, je me suis rappelé les phrases que répétait souvent la psychologue Dorothy Baruch : « Il faut laisser sortir les mauvais sentiments pour laisser entrer les bons. Les bons sentiments peuvent seulement s'installer quand on a laissé sortir les mauvais... ».

J'ai toujours senti que Mélissa (7 ans) était un peu jalouse de sa sœur (3 ans). Non pas qu'elle soit méchante avec elle : elle ne la frappe pas, rien de la sorte. On dirait qu'elle l'ignore plus ou moins, tout simplement! Mais Mélissa n'est pas très expressive. Elle n'est pas du genre à dire ce qui la dérange. Elle me ressemble beaucoup.

Bref, après la rencontre de la semaine dernière, j'ai demandé à Mélissa de venir s'asseoir à mes côtés pendant que la petite faisait sa sieste. J'ai mis mon bras autour de ses épaules en disant : « Je suis contente que nous puissions passer un moment toutes les deux, parce qu'il y a longtemps que je n'ai pas eu la chance de parler *juste* avec toi. Je me disais que... parfois, tu dois en avoir plein le dos de ta petite sœur... Tu n'as pas le choix de tout partager avec elle, ta chambre, tes jouets et même ta maman. »

C'est comme si un barrage avait cédé. Elle ne pouvait plus retenir les paroles qui sortaient, et j'avais du mal à en croire mes oreilles. Les choses qu'elle a dites, c'était épouvantable ! À quel point elle détestait sa sœur ! Il lui arrivait parfois de souhaiter sa mort. J'ai commencé à avoir la nausée. Heureusement le téléphone a sonné, je crois que je ne pouvais pas en entendre davantage.

Ce soir-là, quand je suis montée dans la chambre des filles, je n'en ai pas cru mes yeux. Mes filles étaient toutes les deux couchées dans le même lit, endormies dans les bras l'une de l'autre !

Les participants avaient tous fini de lire ou raconter leur histoire, nous nous sommes tous regardés émerveillés. Quel phénomène étrange et troublant ! Un paradoxe particulièrement déconcertant :

Quand on insiste pour que les frères et sœurs s'aiment, ils finissent par se détester.

Quand on permet aux frères et sœurs d'exprimer leurs sentiments négatifs les uns envers les autres, ils finissent par s'aimer.

Un chemin sinueux pour arriver à l'harmonie entre frères et sœurs. Et pourtant, c'est le plus direct.

CHAPITRE III

La comparaison, une pratique dangereuse

Au cours des rencontres précédentes, nous n'avions fait qu'aborder les sentiments de compétition féroce injectés dans les relations fraternelles par les enfants eux-mêmes, sans notre aide à nous, les adultes. J'ai débuté notre troisième rencontre en demandant aux participants s'il leur était possible de réfléchir à nos façons à nous, les adultes, de contribuer à cette compétition.

Certains se sont tout de suite écriés : « Nous comparons ! »

Il n'y avait pas de doute à ce sujet. Tous s'entendaient pour dire qu'en faisant des comparaisons, nous jetions définitivement de l'huile sur le feu aux sentiments de rivalité. Quoi qu'il en soit, je me suis dit qu'il serait intéressant de découvrir ce que nous avions pu ressentir en étant comparés, à partir du point de vue d'un enfant.

« O.K., soyez mes enfants, ai-je proposé, et donnez-moi votre réaction viscérale aux déclarations suivantes :

– Lisa a de si bonnes manières à table. Jamais on ne la verrait manger avec les doigts ;

– Je ne peux pas croire que tu aies attendu jusqu'à la dernière minute pour faire ton rapport. Ton frère termine toujours son travail à l'avance ;

– Qu'est-ce qui t'empêche d'être comme Gabriel ? Il paraît toujours si soigné : cheveux courts, chemise dans le pantalon. C'est un plaisir de le regarder. »

Les réactions n'ont pas tardé :

– Je vais pousser Gabriel dans la boue ;

– Je le déteste ;

– Tu aimes davantage les autres que moi ;

– Je ne fais jamais rien de bon ;

– Tu ne m'aimes pas comme je suis ;

– Je ne serai jamais à la hauteur de tes attentes, à quoi ça sert d'essayer ;

– Si je ne peux pas être le meilleur des meilleurs, je peux quand même être le meilleur des pires.

J'étais étonnée par l'intensité de la colère et du désespoir entendus. La dernière intervention m'a particulièrement bouleversée. Certains enfants prennent-ils réellement la décision d'exceller à être pires que les autres s'ils ne peuvent réussir à être les meilleurs ?

Quelques personnes ont très vite corroboré cette hypothèse à partir de leurs expériences personnelles. Et puis l'un d'entre eux nous a évoqué l'ancien président Jimmy Carter avec son incorrigible frère, Billy[4]. Nous avons tous ri au souvenir de ses bouffonneries. Billy a certainement été le meilleur à être le *pire*.

Une femme a secoué la tête : « Ça ne fonctionne pas toujours de cette façon-là, a-t-elle fait remarquer. Certains enfants n'ont pas cet esprit combatif. Ils abandonnent. Pour ma part, c'est ce que j'ai fait. Ma mère était tellement douée pour me montrer à quel point j'étais moins bien que ma sœur Deborah, si extraordinaire à ses yeux, que je me demandais souvent pourquoi elle

---

4. Jimmy Carter a été le 39e président des États-Unis entre 1977 et 1981. Pendant ces années-là, son frère Billy l'a souvent mis dans l'embarras par ses dérapages en public.

m'avait mise au monde. Les meilleures choses que j'ai accomplies dans ma vie sont passées à des kilomètres de leur conscience à toutes les deux. Encore maintenant, je redoute les vacances parce que ma mère continue de m'énerver. Elle commence dès la minute où elle me voit : "Tes cheveux sont un peu ternes, ma chérie. Tu devrais peut-être te coiffer comme Deborah. Est-ce que Jasmine et Adie réussissent bien à l'école ? Les enfants de Deborah sont au classement d'honneur dans toutes les matières. Deborah vient tout juste d'obtenir un nouvel emploi avec un salaire fabuleux. Ta sœur est vraiment une fonceuse ! Il me faut des semaines pour me remettre de ses visites". »

Un murmure de sympathie a couru autour de la pièce. « Mon père comparait toujours mes deux frères aînés, a dit un homme d'un air mécontent. Papa est décédé alors qu'ils étaient encore adolescents, mais mes frères en sont restés exactement là où mon père les avait laissés. C'est incroyable. Ils ont maintenant 43 et 47 ans. D'une certaine façon, ils reconnaissent le ridicule de ce qu'ils font, mais c'est plus fort qu'eux. Ils sont même en compétition concernant leurs problèmes de reins. Qui des deux est le plus malade ? Qui est le plus atteint ? Qui a besoin du plus de soins ? Qui bénéficie du traitement le plus adapté ? Les deux sont en dialyse et chacun essaie de prouver que son traitement est meilleur que celui de l'autre. Des hommes adultes ! »

« Ne faisons-nous pas trop d'histoires ici ?, a commenté une femme. Tous ces exemples sont plutôt du genre extrême. Je compare mes fils de temps en temps, mais je doute sérieusement que cela puisse leur causer du tort à long terme. »

Les regards se sont tous tournés vers moi.

J'ai regardé la participante qui venait de parler.

« Dans quelles circonstances les comparez-vous ?, lui ai-je demandé.

– Je ne m'en rends pas compte à chaque fois, a-t-elle répondu sur la défensive.

– Mais, dites-moi, quelles sont ces circonstances ?, ai-je persisté. »

Elle a réfléchi un moment :

« Disons que je ne suis même pas certaine qu'on pourrait appeler cela de la comparaison ! Ça ressemble beaucoup plus à une tentative de les motiver. Par exemple, je dis à Zacharie : "Alex prend lui-même l'initiative de faire ses devoirs le soir. Papa et moi n'avons jamais besoin de râler contre lui." Je ne dirais jamais : "Pourquoi ne peux-tu pas *être* comme Alex ?" »

La sœur de Deborah s'est tout de suite écriée :

« Mais ce n'est pas nécessaire, a-t-elle dit avec véhémence, tu peux être certaine que Zacharie reçoit clairement et fortement le message que son frère est parfait et que lui ne l'est pas.

– Mais je ne prends pas toujours Alex en exemple, a protesté la dame. Parfois, je complimente Zacharie en lui faisant comprendre que dans certains domaines, il réussit bien mieux qu'Alex. Par exemple, je lui dis qu'il est beaucoup plus habile de ses mains que son frère et qu'Alex est maladroit.

– Ce n'est pas mieux !, a protesté la sœur de Deborah, c'est exactement ce que ma mère me faisait. Je me rappelle la fois où elle m'a dit que j'étais plus ordonnée que Deborah. À ce moment-là, je me suis sentie très bien. Et puis après, j'ai commencé à vraiment m'inquiéter. Est-ce que je serais capable de continuer à être à la hauteur ? Et même si j'y parvenais, qu'adviendrait-il si Deborah s'aventurait à devenir encore plus "ordonnée" que moi ? Qu'est-ce qui m'arriverait à ce moment-là ? Je suis convaincue que ma mère pensait me motiver, mais tout ce qu'elle a fait n'a eu pour résultat que de me rendre encore plus compétitive avec ma sœur. »

Elle s'est arrêtée, comme si elle se demandait si elle devait continuer ou pas… « Et plus compétitive avec tout le monde autour de moi, a-t-elle ajouté. Après une année de thérapie, j'ai réalisé qu'adulte, je continuais à m'infliger exactement le même traitement que m'infligeait ma mère. J'ai aussi pris conscience que je me rendais malheureuse en me mesurant constamment aux autres. C'était tellement idiot. À bien y penser, c'est toujours possible de trouver quelqu'un qui fait ceci ou cela mieux que nous. Ma thérapeute utilisait une merveilleuse citation : "Ne te compare jamais. Ça ne te servirait qu'à devenir vaniteuse ou amère". Quoi qu'il en soit, selon ma propre expérience, tout ce que je peux dire c'est : "Évitons les comparaisons, elles ne servent qu'à répandre le malheur." »

La mère qui avait défendu son droit de comparer a capitulé. Aucune discussion ne pouvait ébranler la force qui se cachait derrière les mots qu'elle venait d'entendre. On venait de parler avec l'autorité que confère la souffrance.

« C'est étrange, ai-je dit au groupe. Quand mes enfants étaient petits, je m'étais promis de ne jamais les comparer. Mais je l'ai quand même fait, *à répétition.* »

Les gens m'ont regardée d'un air étonné.

« J'entendais les mots sortir tous seuls de ma bouche, ai-je continué, et j'étais étonnée de m'entendre parler. J'ai fini par comprendre ce qu'il se passait. Je les comparais quand j'étais pleine de rage (Pourquoi faut-il que tu sois toujours celui qui fait attendre toute la famille? Ton frère était dans l'auto, il y a déjà 10 minutes de cela!). Je les comparais aussi quand j'étais remplie de bonheur (C'est extraordinaire, ton grand frère a travaillé sur cela pendant plus d'une heure et toi, tu as trouvé la solution en moins de deux minutes!). De toute façon, ça ne créait que des difficultés.

Voici ce qui m'a aidée à rompre ce cercle vicieux : à chaque fois que j'avais envie de comparer l'un de mes enfants à l'autre, je me disais : "ARRÊTE! NE FAIS PAS ÇA! Tout ce que tu veux lui dire peut lui être dit sans mentionner son frère. Le mot-clé est *décrire.* Décrire ce que tu vois, ce que tu aimes. Ou décrire ce que tu n'aimes pas, ce qui aurait besoin d'être fait. Le plus important, c'est de m'en tenir à la situation liée au comportement de l'enfant en ma présence. Il n'y a rien que son frère ferait ou omettrait de faire qui concerne cet enfant-ci dans le moment présent." »

J'ai distribué les bandes dessinées suivantes pour que les membres du groupe puissent eux-mêmes constater cette différence en action.

Évitez les comparaisons favorables

Au lieu de…

Décrivez ce que vous voyez
ou ce que vous éprouvez

Au lieu de…

Décrivez ce que vous voyez
ou ce que vous éprouvez

Au lieu de…

Décrivez ce que vous voyez
ou ce que vous éprouvez

Évitez les comparaisons défavorables

Au lieu de…   Décrivez le problème

Au lieu de…   Décrivez le problème

Au lieu de…   Décrivez le problème

Spontanément, les participants exprimaient de nombreux commentaires pendant que nous parcourions les bandes dessinées ensemble. La plupart révélaient une prise de conscience sur le fait que la comparaison favorable pouvait aussi être dommageable. Plusieurs personnes ont dit qu'elles voyaient ce genre de « compliment » comme susceptible de créer chez l'enfant une tendance à regarder l'autre avec condescendance. Je m'apprêtais à changer de sujet lorsque j'ai remarqué quelques sourcils froncés.

« Quelque chose vous dérange ? », ai-je demandé.

En effet, beaucoup de choses les troublaient. J'ai donc tenté de répondre à chacune de leurs préoccupations.

« Nous vivons dans une société compétitive. Un enfant n'a-t-il pas de besoin de compétition à la maison afin de le préparer à se défendre au moment venu, lorsqu'il fera face au monde extérieur ?

– Si « se défendre » veut dire : démontrer ses compétences, s'affirmer et atteindre ses propres buts, on peut apprendre tout cela dans un environnement qui encourage la coopération. Selon moi, le principal avantage à grandir dans un climat de coopération provient des résultats qui en découlent : plus de respect envers les autres et plus de confiance en soi.

– Mais n'y a-t-il rien de positif dans la compétition ?

– La compétition peut stimuler vigoureusement le désir d'accomplissement, mais à quel prix ? Les études effectuées dans les milieux scolaires et dans les entreprises démontrent que lorsque la compétition s'intensifie, les gens ont tendance à développer des symptômes physiques du genre : maux de tête et de dos, problèmes d'estomac…, sans compter les symptômes émotionnels : ils sont plus anxieux, soupçonneux et hostiles. Vivement que nos foyers soient à l'abri de ce genre de stress.

– Je ne compare jamais, pourtant je n'ai qu'à dire quelque chose de gentil à ma fille au sujet de son frère et elle réagit comme si je venais de les comparer. Elle pourrait dire : "Tu penses qu'il est meilleur que moi," je ne comprends pas.

– Les enfants vivent souvent les compliments faits à une sœur ou un frère comme une critique envers eux. Ils traduisent automatiquement : "Ton frère est tellement prévenant" par "Maman pense que je ne le suis pas". Il est préférable de garder nos commentaires enthousiastes pour les oreilles de l'enfant qui les méritent.

– Mais que faites-vous lorsqu'un enfant vous raconte ce qu'il a fait de spécial alors que tous les autres sont présents et entendent ce qui se passe ?

– C'est une question délicate. Nous ne voulons pas court-circuiter l'enfant qui est fier de sa réalisation et nous voulons aussi rester sensibles aux sentiments des autres. Impossible de se tromper lorsque vous décrivez ce que l'enfant peut ressentir : "Tu dois être tellement fier de toi !" Ou bien ce que l'enfant a accompli : "Cette médaille représente beaucoup de travail et de persévérance."

Le truc, c'est de ne pas rajouter :

"Je suis absolument ravie et vraiment impatiente de le dire à papa et aux voisins."

Mieux vaut réserver la passion et la joie ressenties face au succès d'un enfant au moment où vous êtes tous les deux. Ce genre de commentaires est trop difficile à entendre pour les frères et sœurs.

– Mais parfois, vous ne pouvez éviter que les autres entendent ce que vous avez à dire, c'est le cas du bulletin scolaire. Chez moi, mes deux enfants me montrent leur bulletin au même moment. La semaine dernière, mon fils était impatient de me montrer son B^5 en math (amélioration du C par rapport

---

5. Système de notation dans les milieux scolaires en Amérique. L'échelle commence par A, signifiant un *excellent résultat*, et puis en rétrogradant, B, C, D pour terminer avec E qui signifie un *échec*.

à la fois précédente), et au moment où je m'exclamais de Oh! et de Ah! face à ses progrès, sa sœur a pointé son *A* en math. Soudainement, le ballon s'est complètement dégonflé. Son *B* n'avait plus aucune valeur.

– Vous pouvez vous adresser fermement aux deux enfants en disant : "On ne fait pas de compétition de bulletin scolaire ici. Ce sont les résultats de votre travail et de votre comportement à l'école au cours des six dernières semaines. Je veux m'asseoir avec chacun d'entre vous, individuellement, afin de voir ce que votre enseignant en pense et entendre comment vous vous sentez au sujet de vos progrès personnels."

– Mais comment empêcher les enfants de comparer leurs résultats quand je ne suis pas autour ?

– Vous ne pouvez pas. Et ce n'est pas nécessaire. S'ils veulent échanger leurs résultats scolaires, ça les concerne. L'important, c'est qu'ils sachent que maman ou papa les considèrent comme des individus uniques et ne s'intéressent pas à comparer leurs résultats. »

Il ne semblait plus y avoir de questions. J'essayais de formuler quelque chose pour résumer lorsque je me suis aperçue qu'une femme me faisait un signe de la main. S'apercevant qu'elle avait capté mon attention, elle s'est aussitôt lancée :

« Si mes enfants comparaient seulement leurs résultats scolaires, je serais aux anges. Mais ils comparent absolument tout, du matin au soir, jusqu'à leur nombril.

"Le mien est plus rentré, le tien est ressorti."

Ils sont constamment en train de s'épier et se soucier de ce que l'autre a :

"Le sien est mieux...

– Le sien est plus beau...

– Tu lui as acheté ça ? Pourquoi ne m'en as-tu pas acheté un ?"

Je suis continuellement en train d'essayer d'égaliser. Ils m'épuisent tellement que si j'achète des bas[6] pour Grégoire, je prends aussi une paire pour Dara même si elle n'en a pas vraiment besoin. »

Mon regard a fait le tour de la pièce : « Bien sûr, personne d'autre ici n'a ce genre de problème. Personne, *ici*, n'a des enfants qui se comparent sans cesse et demandent à être traités sur un pied d'égalité ! »

Murmures et éclats de rire fusent dans la salle.

« *Mesdames et messieurs*, je vous annonce que vous allez bientôt être soulagés d'un lourd fardeau. Lors de notre prochaine rencontre, nous allons tenter de briser le mythe des enfants qui ont tous besoin d'être traités également. En attendant, voyons où vous mèneront vos efforts à ne pas les comparer. »

---

6. Utilisé au Canada pour désigner des *chaussettes* en Europe.

Un bref rappel...

Résistez à la tentation de comparer

Au lieu de comparer <u>défavorablement</u> un enfant à un autre, (« Pourquoi ne peux-tu pas suspendre tes vêtements comme ton frère ? »), indiquez seulement à l'enfant quel est le comportement qui ne vous convient pas.

Décrivez ce que vous voyez :

« Je vois un manteau tout neuf par terre. »

ou bien

décrivez ce que vous ressentez :

« Ça me contrarie. »

ou encore

décrivez ce qui doit être fait :

« La place de ce manteau, c'est dans la penderie. »

Au lieu de comparer <u>favorablement</u> un enfant à un autre, (« Tu es tellement plus ordonné que ton frère »), parlez seulement du comportement qui vous convient.

Décrivez ce que vous voyez :

« Je vois que tu as suspendu ton manteau. »

ou bien

décrivez ce que vous ressentez :

« J'apprécie ça. J'aime voir notre hall d'entrée bien rangé. »

Les témoignages

Le fait de ne *pas comparer* les enfants entre eux a été pour plusieurs un défi plus important que prévu. En le racontant au groupe, les parents qui avaient réussi semblaient très fiers. Non seulement ils étaient fiers de ce qu'ils avaient accompli, mais surtout de ce qu'ils s'étaient retenus de faire.

Katia donnait le biberon au bébé dans notre chambre. J'ai dit à Raphaël de venir à la cuisine avec moi et je lui ai demandé ce qu'il voulait pour le repas du midi. Il s'est mis à gémir en disant : « Je ne sais pas ce que je veux... J'aimerais être un bébé. Les bébés se font tout le temps aider. Ils n'ont pas besoin de s'habiller tout seul... Ils n'ont pas besoin de se laver... Ils n'ont même pas besoin de choisir ce qu'ils veulent manger. »

Ce genre de situation aurait habituellement été un point de départ pour me lancer dans un dénigrement de sa petite sœur pour remonter le moral de Raphaël, du genre : « Oui mais les bébés ne peuvent ni parler ni marcher et il faut qu'ils portent des couches. » Mais comme le sujet de la dernière rencontre était encore frais dans mon esprit, j'ai tout simplement tenté de lui démontrer que j'étais à son écoute, à *lui*. Comme résultat, nous avons eu une conversation très intéressante :

PAPA :	Tu penses qu'on fait tout pour les bébés et que ça doit être vraiment plaisant d'être un bébé.
RAPHAËL :	Oui. Papa, est-ce que tu aimerais être un bébé, toi ?
PAPA :	(*sur le ton de la plaisanterie*) J'aimerais être un astronaute.
RAPHAËL :	Ce n'est pas ça ton choix. Tu choisirais d'être un bébé ou de ne pas être un bébé ?
PAPA :	Je choisirais d'être qui je suis.
RAPHAËL :	Pourquoi ?

PAPA :	Je peux faire bien plus de choses qu'un bébé. Je peux choisir tout seul et prendre bien plus de décisions.
RAPHAËL :	Préfères-tu le bleu ou le vert ?
PAPA :	Parfois, j'aime bien le bleu et parfois je préfère le vert. En ce moment, j'aime le bleu.
RAPHAËL	(*réfléchissant pendant un instant*) Là, j'aimerais une tartine à la gelée et au beurre d'arachide[7].

* * *

JÉRÉMIE M'A TÉLÉPHONÉ du collège hier soir, il avait l'air heureux. Il a dit : « Je viens juste de recevoir mes résultats de mi-semestre, bien sûr, ce n'est pas comparable aux résultats de Karine, mais enfin... »

J'ai failli l'interrompre avec ma réponse typique : « C'est sûr, tu sais qu'elle fait beaucoup d'efforts et de ton côté, tu as toujours été davantage intéressé par les sports, tu peux donc t'attendre à... Blablabla... »

Et puis, j'ai pensé : « Non cette fois-ci, je vais dire : "Qu'est-ce que Karine peut bien avoir à faire avec toi ? Je m'intéresse à *toi*, ce qui n'a rien à voir avec ta sœur." » Mais pourquoi mentionner Karine ? J'ai donc seulement dit : « Jérémie, tu sembles plutôt heureux. Nul doute, tu as obtenu de bons résultats de mi-semestre. »

Puis il a parlé de ses cours, de ceux qu'il projetait de suivre lors du prochain semestre et il n'a plus fait mention de Karine.

* * *

---

7. Utilisé au Canada pour désigner du *beurre de cacahuète*.

C'EST L'HEURE DU COUCHER.

MOI :   Adie! Jasmine! C'est l'heure d'aller au lit. Pyjamas, dents. (*Adie s'exécute.*)

JASMINE :   (*en gémissant*) Non, je ne veux pas.

MOI :   C'est le moment de se préparer pour le coucher.

JASMINE :   Non, fais-le toi si tu veux.

                (*Sentant la colère, la frustration et l'envie de lui hurler à la tête : « Pourquoi ne veux-tu pas coopérer comme ton frère?!!! », j'ai alors eu une meilleure idée. Je suis allée dans la chambre d'Adie pour me calmer.*) Jasmine m'a suivie. Adie était prêt à se mettre au lit.

MOI :   (*à Adie*) Tu es tout fin prêt. Quand tu as su que c'était l'heure du coucher, tu as aussitôt mis ton pyjama et tu es allé te brosser les dents. Ça m'aide énormément. (*Notez : je ne dis rien au sujet de Jasmine.*)

BONUS :   Jasmine s'est préparée sans donner suite à son comportement d'ado.

UN AUTRE BONUS :

ADIE :   (*à partir de sa chambre*) Tu n'as pas besoin de te préoccuper des vêtements que je porterai demain. Je les ai préparés. J'aime t'aider.

MOI :   Merci Adie. (*À Jasmine*) Je vois que tu es prête à te mettre au lit. (*Notez, je n'ai pas dit « toi aussi. »*)

Jasmine a semblé fière d'elle-même.

* * *

MATHIEU (11 ANS) se mesure constamment à son frère aîné et en ressort « diminué », incompétent. Mais la fin de semaine dernière, il a fait quelque chose qui a estomaqué toute la famille. Dimanche matin, notre tondeuse a rendu l'âme. Mathieu nous a entendus, son père et moi, nous lamenter au sujet d'une nouvelle tondeuse qui nous mettrait encore un peu plus en retard avec le règlement de nos factures. Quelques heures plus tard, il est réapparu dans l'entrée avec une tondeuse manuelle, ancien modèle. Il l'avait achetée dans une vente de garage[8] à l'aide de ses économies, pour la modique somme de 10 $.

Je n'en revenais pas. Sous le coup de l'excitation, j'ai failli lui dire qu'aucun autre membre de la famille n'avait pensé à cela. Je n'y avais pas pensé, son père n'y avait pas pensé et son grand frère qui trouvait l'idée géniale n'y avait certainement pas pensé non plus. Voilà! Ça prouvait qu'il était aussi bon que son frère, sinon meilleur.

Vous n'avez pas idée de toute la retenue dont j'ai dû faire preuve pour me contenter de décrire. J'ai dit : « Mathieu, tu t'es rendu compte de notre inquiétude concernant l'achat d'une nouvelle tondeuse, tu t'es demandé comment nous venir en aide et tu t'es organisé pour trouver une tondeuse manuelle qui fonctionne. Pour seulement 10 $! »

Mathieu a rayonné à l'écoute de ma description. Puis, il a bombé le torse en disant : « Je suis un gars plein de ressources! »

---

8. Utilisé en Amérique du Nord pour désigner un *vide-grenier*.

CHAPITRE IV

Donner pareil,
c'est donner moins

C'était notre quatrième rencontre.

En ouvrant la porte de la salle, j'ai entendu des éclats de rire. Arrivées à l'avance, plusieurs femmes étaient attroupées et discutaient de choses qui, de toute évidence, étaient très drôles. Aussitôt qu'elles m'ont aperçue, elles m'ont fait signe d'approcher. Elles discutaient de la question soulevée à la fin de notre dernière rencontre. Devait-on, oui ou non, traiter les enfants également? Il semblait qu'elles avaient trouvé des exemples comiques de ce qui peut arriver lorsqu'on est déterminé à vouloir être juste.

Avant même qu'elles finissent de me raconter leurs expériences farfelues, je les ai interrompues : « Attendez, leur ai-je dit. C'est trop bon! Les autres ne peuvent pas manquer ça. » Dès que tout le groupe a été en place, j'ai demandé aux femmes de nous raconter une nouvelle fois leurs histoires. Les voici, au meilleur de mes souvenirs :

Pourquoi n'y a-t-il pas un Roy Goats Gruff[9] *?*

J'étais bien installée sur le canapé avec mes deux garçons, Billy et Roy, en train de lire un conte que nous venions d'emprunter à la bibliothèque. C'était la première fois qu'ils entendaient cette histoire de *Billy Goats Gruff* et du troll au-dessous du pont. Tous deux l'ont beaucoup aimée, mais une fois terminée, Roy a fondu en larmes. « Pourquoi on ne parle que de Billy ? Pourquoi n'ont-ils pas écrit un conte qui s'appelle *Roy Goats Gruff* ? », a-t-il sangloté.

Je lui ai promis d'essayer de trouver une histoire dont Roy serait le héros. Mais il était inconsolable. Vous rendez-vous compte ? Je ne peux même pas leur lire une histoire sans avoir à me préoccuper de les mettre sur un pied d'égalité.

La coupe de cheveux

Quand j'étais petite, j'avais des cheveux bruns très fins, alors que ma sœur avait une superbe chevelure abondante et dorée qui lui descendait à la taille. Mon père accordait beaucoup d'attention aux cheveux de ma sœur. Il l'appelait « sa *Rapunzel*[10] ».

Une nuit, pendant que ma sœur dormait, j'ai pris les ciseaux de couture de maman, j'ai marché sur la pointe des pieds jusqu'à son lit et j'ai coupé tous les cheveux que je pouvais sans la réveiller. Le matin suivant, quand ma sœur s'est regardée dans le miroir, elle a poussé un cri

---

9. Inspiré d'un conte de fées Norvégien, *The Three Billy Goats Gruff* (*Les trois boucs bourrus*, en français) raconte l'histoire de trois frères boucs à la recherche de nourriture. Il y a de quoi manger de l'autre côté de la rivière, mais le seul moyen d'y accéder, c'est de traverser un pont bien gardé par un troll…

10. Surnommée *Raiponce* en français.

d'horreur. Maman a tout de suite accouru, en la voyant elle est devenue hystérique. J'ai essayé de me cacher, mais elle m'a trouvée. Elle criait et me frappait. J'ai été punie dans ma chambre toute la journée devant réfléchir à ce que j'avais fait. J'étais probablement un peu désolée pour ma sœur, mais pas beaucoup, parce que maintenant, nous étions à égalité !

La coupe de cheveux II

Dans ma famille, j'étais celle qui avait de beaux cheveux et ma mère essayait compulsivement d'égaliser les choses. Elle était déterminée à nous traiter, ma sœur et moi, exactement de la même façon pour qu'il n'y ait aucun sujet de jalousie entre nous.

Un jour, étant donné que ma sœur n'avait pas de boucles, elle a décidé que je ne devais pas en avoir non plus. Elle m'a emmenée chez le coiffeur et lui a demandé de tout me couper. J'avais l'air d'un poulet déplumé. J'ai pleuré et pleuré le reste de la journée, refusant de parler à qui que ce soit. Encore aujourd'hui, j'ai de la difficulté à pardonner ma mère d'avoir fait cela.

Égalité des chances pour l'allaitement

Quand mon premier enfant est né, j'avais très envie de l'allaiter, mais on m'a dit que c'était impossible pour des raisons médicales. Quelques années plus tard, lorsque ma seconde fille est née, j'ai décidé de ne pas l'allaiter non plus. Non pas parce que j'en étais incapable à ce moment-là, mais bien parce que je ne voulais pas que ma fille aînée se sente privée si un jour elle apprenait que sa sœur avait joui d'un privilège qu'elle n'avait pas eu. À ce moment-là, ça m'a semblé juste, mais maintenant, lorsque je regarde en arrière, ça m'a l'air idiot.

Toujours plus de glace...

Je n'oublierai jamais le jour où j'ai décidé de m'attaquer à la couche de givre qui s'était accumulée depuis 2 ans dans le gros congélateur du garage. Les enfants étaient en maillot de bain et me regardaient transporter de lourds seaux d'eau chaude afin de faire disparaître la glace. À un moment donné, la glace s'est mise à fondre brusquement. En jouant, j'en ai lancé un gros bloc vers l'un de mes enfants en disant : « Tiens de la glace ! » Aussitôt, les deux autres ont réclamé : « Moi aussi, moi aussi ! »

J'ai attrapé deux autres gros blocs et les ai fait glisser vers eux. Puis le benjamin a crié : « Ils en ont plus que moi ! »

« Tu en veux plus, tiens attrape ! », me suis-je écriée en lançant un seau rempli de glace à ses pieds. Et puis les deux autres ont crié : « Maintenant, il en a plus que nous. » J'ai donc lancé deux autres seaux dans leur direction. Le premier s'est mis à pleurer : « Maintenant, *ils* en ont bien plus que moi. »

À ce moment-là, les trois enfants avaient de la glace jusqu'aux chevilles et continuaient à crier pour en avoir davantage. Je jetais de gros morceaux de glace aux pieds de chacun aussi vite que possible. Même s'ils sautillaient de douleur à cause du froid, ils continuaient à en réclamer, dans une frénésie d'en recevoir plus que l'autre.

C'est là que j'ai réalisé la futilité d'essayer de donner à part égale. Les enfants n'en auraient jamais assez et en tant que mère, je ne pourrais jamais en donner suffisamment.

Bien que toutes ces histoires aient été appréciées, cette dernière nous a le plus touchés. De toute évidence, si les parents se contraignent à répondre à la demande des enfants d'être traités sur un pied d'égalité, le résultat frôle la folie. Après un moment de réflexion, un père a fait le commentaire suivant : « Je comprends bien le risque de faire des choses très bizarres quand nous essayons de les traiter de façon égale, mais comment réagir quand les enfants font monter la pression ? »

« À quoi pensez-vous ? », ai-je demandé.

« Quand ce que vous faites est qualifié d'injuste par des accusations du genre :

– Tu lui en as donné plus qu'à moi.

– Tu l'aimes plus que moi.

Et que tout ça se transforme en maux de ventre. »

« Même si, selon les apparences, ils veulent la même chose, ai-je répondu, vous pouvez vous dire que ce n'est pas réellement le cas ».

Il m'a regardée d'un œil interrogateur.

C'était un concept difficile à expliquer. Je leur ai raconté l'histoire de la jeune femme qui s'était soudainement retournée vers son mari et lui avait demandé : « Qui aimes-tu le plus ? Ta mère ou moi ? » S'il avait répondu : « Je vous aime toutes les deux de façon égale. », il aurait vraiment été dans de beaux draps ! Il a plutôt dit : « Ma mère, c'est ma mère. Tu es la femme fascinante et sexy avec qui je veux passer le restant de mes jours. »

« Être aimé également…, ai-je poursuivi, c'est en quelque sorte être aimé moins. Être aimé en tant que personne unique, pour qui nous sommes, c'est être aimé autant que nous avons besoin d'être aimés. »

Ils avaient encore l'air perplexe.

Afin de les aider à mieux comprendre la différence entre donner également en quantités précises et donner en traitant les individus comme des êtres uniques, c'est-à-dire en fonction des besoins légitimes de chaque enfant, j'ai distribué les illustrations suivantes :

Au lieu de vous tracasser
pour donner la même quantité

Concentrez-vous sur les besoins
individuels de chaque enfant

Au lieu de proclamer
que vous les aimez tous de la même façon

Montrez à vos enfants comment
vous aimez chacun de façon unique

On peut ressentir « aussi longtemps »
comme si c'était « moins longtemps »

Accordez à chacun
le temps dont il a besoin

En regardant les bandes dessinées, quelques personnes ont émis de petits rires appréciatifs. D'autres semblaient contrariées. Une discussion a suivi, animée par les préoccupations de chacun concernant ce qu'ils venaient de lire :

« L'histoire des crêpes pourrait venir directement de chez moi. Mais que fait-on si le petit Adrien en veut encore et qu'il ne reste plus de pâte pour en faire ? »

Deux pères ont levé la main.

« Pourquoi ne pas écrire une note en grosses lettres et la placer sur le frigo ? S'ASSURER DE RACHETER LES INGRÉDIENTS NÉCESSAIRES POUR LES CRÊPES D'ADRIEN. Et surtout, ne pas oublier de le faire. »

« Peut-on donner un morceau de ses crêpes ? Mes enfants adorent manger tout ce qui vient de l'assiette de Papa. Par exemple, hier ma petite fille s'est plainte du fait que son frère avait eu plus de petits pois qu'elle, alors j'ai dit :

– Tiens, tu peux avoir les miens.

Elle a compté ceux que je lui avais donnés, en a remis deux dans mon assiette et elle a dit :

– Maintenant, je peux te donner les miens. »

Petits rires étouffés de participants.

« Ça peut aller quand on est de bonne humeur, a rajouté une femme sur un ton irrité, mais lorsque je me donne la peine de faire un bon repas et que les enfants se mettent à compter, mesurer et argumenter au sujet de qui en a eu le plus, je n'ai pas la patience d'être aussi gentille. »

« Pourquoi se forcer à être gentil ?, a protesté un homme. Et si on restait vrai ? C'est très désagréable de se faire accuser d'être injuste. J'ai dit sans détour à mes filles :

– Si quelqu'un ici sent qu'il n'en a pas assez, j'aimerais qu'il me dise : "Papa, quand tu seras prêt, est-ce que je peux te déranger pour que tu me resserves ?" »

« Le problème chez moi, a enchaîné une femme, ce ne sont pas mes enfants. C'est moi qui me sens mal si je ne leur donne pas la même chose. Quand j'offre quelque chose à Gretchen, un nouveau pyjama par exemple, et que je vois Claudia nous observer en faisant la moue, je me sens très mal. Je ne sais jamais quoi lui dire. »

« Et habituellement, que lui dites-vous ? »

« Oh, je ne sais pas… Quelque chose du genre :

– Mais chérie, tu n'as pas besoin d'un nouveau pyjama, le tien te va encore. »

« Réponse qui nous semble parfaitement logique, pour nous adultes, ai-je commenté. Le problème c'est que la logique ne satisfait pas les enfants lorsqu'ils sont bouleversés. Ils ont besoin que nous portions attention à leurs sentiments :

– Claudia, ça peut être difficile de voir que ta sœur a reçu un nouveau pyjama alors que toi tu n'en as pas eu. Et même si tu connais toutes les raisons du monde qui font qu'elle en a besoin et pas toi, ça te dérange quand même. »

Je me suis retournée vers les autres membres du groupe en disant : « J'espère que je ne vous donne pas l'impression qu'on ne devrait jamais offrir la même chose à nos enfants. À certaines occasions, ce sera la chose évidente et logique à faire. Je veux juste faire remarquer que si pour des raisons quelconques, vous décidez *de ne pas* donner la même chose, c'est aussi légitime. Les enfants qui ne recevront rien ne passeront pas au second plan. Votre compréhension et votre acceptation du fait qu'ils sont déçus les aideront à faire face aux inégalités de la vie.

– Je sais que ça n'a pas fonctionné avec mon fils aîné, a dit tristement une femme. J'ai essayé. Les inégalités sont peut-être trop extrêmes dans son cas. Ce n'est pas une question d'objets, mais de temps. Il m'en veut profondément pour tout le temps que je dois consacrer à son plus jeune frère qui a un problème d'apprentissage. Il m'accuse même de préférer son petit frère.

– Vous décrivez une situation très difficile, ai-je répondu. Et vous avez raison. Quand il est question des besoins légitimes d'un enfant, parfois, l'empathie ne suffit pas. Je me demande... Pensez-vous que ça aiderait votre fils aîné, si vous pouviez vous asseoir ensemble et programmer, par écrit, de lui accorder quinze minutes de votre temps chaque jour? Quinze minutes en privé, sans interruption, sans appels téléphoniques? Est-ce que ce serait vous rajouter une charge supplémentaire?»

Elle a réfléchi pendant un moment avant de répondre :

« Je ne sais pas, ça vaudrait peut-être la peine. S'il savait qu'il peut compter sur moi pour ce tête-à-tête, ça atténuerait peut-être sa colère envers moi. Il comprendrait peut-être aussi que je ne préfère pas son frère à lui, parce que c'est vrai!»

Un père est intervenu : « Mais, imaginons que vous faites cela, et ensuite? Ne disons-nous pas ici, que le but n'est nullement de convaincre nos enfants que nous les aimons tous également? Ce n'est même pas humainement possible de les aimer tous de la même façon. Je présume que chacun d'entre nous ici, a son enfant favori. Je suis le premier à avouer que mes garçons sont de bons enfants, mais ma fille, c'est la lumière de ma vie. »

Toutes mes alarmes se sont déclenchées. Il avait l'air beaucoup trop à l'aise au sujet d'une situation potentiellement dangereuse. Avait-il une petite idée de tout le mal qu'il pouvait infliger à ses enfants avec une telle attitude, y compris à la *lumière de sa vie*?

« Selon moi, ai-je dit, le problème n'est pas d'avoir un enfant favori. À certains moments, nos sentiments sont inégaux envers l'un ou l'autre de nos enfants. La question est plutôt: comment s'assurer de ne pas montrer ce favoritisme? On a tous entendu parler de l'histoire de Caïn qui a tué Abel parce que Dieu avait montré plus de *respect* pour l'offrande d'Abel. Nous savons aussi que les frères de Joseph l'ont jeté dans une citerne dans le désert. Ils croyaient que Joseph était le favori de leur père parce que celui-ci lui avait donné une tunique multicolore. Cette histoire est très ancienne, mais les sentiments à la source de ces actes de violence sont éternels et universels.

Même dans cette pièce, ai-je continué en faisant un signe de tête vers la dame qui nous avait raconté l'histoire de la "coupe de cheveux", on a entendu dire qu'une petite fille avait coupé les cheveux de sa sœur parce que son père était sous leur charme. » La sœur de *Rapunzel* m'a regardée intensément. « En réalité, il était charmé par tout ce qui venait d'elle. Contrairement à moi. Je ne peux pas croire que ça fait encore mal, a-t-elle ajouté, les yeux remplis de larmes. »

J'avais envie de pleurer pour elle. Et pour tous ces enfants qui avaient vu les yeux de leurs parents briller en sachant très bien que ce ne serait jamais pour eux.

« Ça risque d'être compliqué, ai-je repris. Comment protéger les autres enfants de la famille de l'enthousiasme suscité par l'enfant qui parle directement à notre cœur ? »

Le silence était lourd. J'étais surprise. J'aurais cru tout au moins entendre les protestations de quelques parents disant que ça ne s'appliquait pas à leur situation, mais pas un bruit ne s'est fait entendre dans la salle. Après un long moment de réflexion, quelques personnes ont partagé leurs pensées.

« Je sais que mon fils Thomas est terriblement conscient de la grande fierté que nous ressentons envers notre fille. Il nous l'a dit sans détour : "Papa et toi, vous vous regardez à chaque fois que Lisanne dit quelque chose." Au début, nous ne savions pas ce qu'il voulait dire. Par la suite, nous avons réalisé que nous échangions constamment ces regards "non-mais-n'est-elle-pas-formidable" ? Depuis qu'il nous a mis la puce à l'oreille, nous avons fait beaucoup d'efforts pour ne plus le faire. »

« Ma femme m'a fait remarquer que lors de nos promenades en voiture, j'ai tendance à ignorer les filles. Je dis souvent : "Regarde ceci Maxime… Maxime, regarde ça !" Je me surprends à le faire et me reprends maintenant avant de dire : "Hé, regardez cela !" »

« Je dois admettre que je me suis surpris plus d'une fois à être beaucoup plus exigeant envers l'une de mes deux filles. Elles peuvent faire exactement la même chose au même moment et je m'acharnerai sur Jessica, tandis qu'Hélène sera légèrement réprimandée. Quelque chose me fait fondre en sa présence. Je sais que je dois être vigilant. »

J'ai senti le besoin de résumer en disant : « J'entends que si nous voulons cesser de faire du favoritisme, il faut d'abord se rendre compte que nous en ressentons. Nous devons être assez honnêtes pour admettre la vérité. Reconnaître notre parti pris nous place immédiatement dans la position d'être capable d'aider nos enfants les "moins privilégiés", tout en préservant l'enfant favori de la pression de devoir garder cette position de choix et en le protégeant de l'inévitable hostilité de ses frères et sœurs. »

La femme qui venait de parler n'était pas encore satisfaite : « Que fait-on de notre sentiment de culpabilité, a-t-elle demandé. Je peux admettre que je suis partiale mais je m'en sens horriblement coupable. »

« Est-ce que ça aiderait, ai-je demandé, de vous dire qu'il n'est pas nécessaire de réagir avec la même fougue pour chaque enfant et qu'il est parfaitement normal et naturel d'avoir des sentiments différents envers des enfants qui sont différents ? L'essentiel, c'est plutôt de poser le regard sur l'enfant le moins favorisé, de rechercher ses particularités et de lui refléter ce qui est admirable chez lui. C'est le mieux que l'on puisse se demander à soi-même et tout ce dont l'enfant a réellement besoin de notre part. En valorisant ce que chaque enfant a de particulier et en étant partisan de son individualité, nous nous assurons que chacun de nos enfants se sente irremplaçable. »

Il n'y avait plus de question.

J'ai regardé ma montre. Cinq minutes de plus que le temps prévu. Les gens étaient assis à leur place en silence, le regard tourné vers l'intérieur. Je pouvais presque les sentir faire des liens entre ce qu'ils venaient d'entendre et leur famille. Il n'était pas nécessaire d'assigner un travail à la maison. Ils étaient déjà en train de s'attribuer à eux-mêmes une tâche.

Un bref rappel...

Les enfants n'ont pas besoin d'être traités également.
Chacun a besoin d'être traité de façon distincte.

Au lieu de donner des quantités égales :

« Voilà. Maintenant, tu as exactement autant de raisins que ta sœur. »

donnez selon le besoin de chacun :

« Veux-tu seulement quelques raisins ou en veux-tu beaucoup ? »

Au lieu de démontrer un amour égal :

« Je t'aime exactement comme ta sœur. »

montrez à chaque enfant que vous l'aimez de façon spéciale :

« Il n'y a qu'un seul TOI dans le monde entier. Personne ne pourra jamais prendre ta place. »

Au lieu de donner votre temps de façon égale :

« Quand j'aurai passé dix minutes avec ta sœur, je passerai dix minutes avec toi. »

consacrez un temps qui correspond au besoin :

« Je sais que je passe beaucoup de temps à revoir la rédaction de ta sœur. C'est important pour elle. Dès que j'aurai terminé, je veux que tu me dises ce qui est important pour toi. »

Les témoignages

Lors de la rencontre suivante, la première histoire racontée était le témoignage d'un examen de conscience assez approfondi.

Lorsque nous avons parlé de favoritisme la semaine dernière, j'ai grandement été touché. Tout a commencé lorsque j'ai pensé à la façon dont Jessica (13 ans) devait se sentir au sujet du temps et de l'attention que j'accordais à sa sœur Hélène (10 ans). Je savais que ça ne pouvait que la déranger. Mais je trouve difficile d'être en présence de Jessica. Son humeur est tellement changeante. On ne sait jamais de quel côté le vent va tourner avec elle. À chaque fois que nous commençons à parler, nous finissons par nous disputer. Je me rends compte qu'en réalité, je fais tout pour l'éviter.

Bref, après la rencontre, j'ai commencé à chercher comment je pourrais être en paix avec Jessica. L'après-midi suivante, j'ai arrêté ce que j'étais en train de faire et je me suis assis sur le canapé à côté d'elle pendant qu'elle regardait son feuilleton. Je n'ai rien dit. J'ai juste regardé la télé avec elle. Le lendemain, j'ai regardé la suite avec elle. Hier, elle m'a appelée pour me dire que ça commençait. Nous avons même eu une petite discussion après, au sujet de l'émission. Ça n'a l'air de rien, mais ça fait longtemps que nous n'avions pas été aussi proches.

Les quelques récits suivants mettent en avant des parents qui redéfinissent leurs notions d'équité. Au début, ils ont trouvé difficile d'abandonner leur ancienne façon de penser, à savoir qu'il faut donner la même chose en termes d'objets, de temps ou même d'amour pour être justes. Mais, en donnant inégalement à leurs enfants et plutôt en réponse à leurs besoins, ces parents ont découvert une façon nouvelle et même libératrice d'être justes.

Pendant que je faisais les courses la semaine dernière, j'ai vu un tee-shirt avec une licorne qui avait tout pour plaire à Gretchen. Elle adore les licornes. Je me suis presque retenue de l'acheter, anticipant la réaction de sa sœur Claudia. Mais, au souvenir de notre dernière rencontre, j'ai décidé de l'acheter.

Quand Gretchen a ouvert le sac et qu'elle en sortait le tee-shirt, Claudia a semblé déconcertée, mais elle n'a rien dit. Puis ma mère qui assistait à la scène est entrée en jeu. Elle a pris Claudia à part en lui murmurant :

« Ne t'en fais pas ma chérie, je vais t'acheter un nouveau tee-shirt demain. »

« Zut alors ! », ai-je pensé, Claudia ne se sentait pas désavantagée avant l'intervention de ma mère, mais c'est ce qui va arriver si ma mère continue de la sorte.

J'ai pris Claudia par l'épaule et lui ai dit :

« Je pense que ta grand-maman est inquiète. Mais nous, nous ne le sommes pas. Nous savons que dans cette famille, chaque enfant reçoit ce dont il a besoin. Parfois, Gretchen reçoit une chose et parfois c'est au tour de Claudia. Finalement, nous comblons les besoins de chacune. »

J'avais du mal à croire ce qui sortait de ma bouche. Ma mère a eu l'air décontenancée. Mais Claudia et Gretchen ont semblé comprendre.

* * *

Auparavant, je n'aurais jamais songé à acheter quoi que ce soit pour Dariane sans acheter aussi quelque chose à Guillaume. Ils en font tellement tout un plat que ça ne vaut vraiment pas le coup. Ils m'intimidaient complètement. Mais hier, j'ai pris le taureau par les cornes. J'ai acheté un nouveau sac-repas pour Dariane parce qu'elle en avait besoin et je suis revenue à la maison sans rien apporter pour Guillaume. Dès que Dariane est rentrée, elle a commencé à asticoter son frère.

« Maman m'a acheté un nouveau sac-repas et pas à *toi* ! »

Je l'ai immédiatement fait taire. J'ai dit :

« Je n'aime pas ça ! Lorsque quelqu'un se vante, ça rend les autres inconfortables. Et maintenant je regrette presque de t'avoir acheté ce sac ! »

J'étais heureuse que Guillaume m'ait entendue parce qu'il aurait été parfaitement capable de lui faire la même chose. Tous deux vont s'apercevoir que leur mère ne tolérera plus ces absurdités.

* * *

J'AI VÉCU DEUX INCIDENTS cette semaine où j'ai économisé beaucoup d'énergie à ne pas essayer d'être juste.

Premier incident

C'est l'heure du coucher.

STÉPHANE : *(4 ans)* M'an, c'est pas juste. Tu es restée plus longtemps avec Magali. Tu lui as parlé plus longtemps qu'à moi.

J'avais envie de lui expliquer : « C'est que ta sœur avait beaucoup de difficulté à s'endormir ce soir. Elle a fait une trop longue sieste. On se rattrapera demain soir. Je te lirai une histoire de plus. » Au lieu de tout ça j'ai dit :

« Oh !, tu aurais aimé que je passe plus de temps avec toi ?

– Ouais ! »

Et il s'est immédiatement blotti dans son lit pour dormir.

Deuxième incident

Stéphane ne se sentait pas bien. Je le berçais sur mes genoux quand Magali (20 mois) s'est précipitée vers moi, les bras tendus. Ma première pensée a été de déposer Stéphane par terre et de la prendre immédiatement dans mes bras pour l'apaiser. Mais je ne l'ai pas fait. J'ai dit : « Magali, je sais que tu aimerais que maman te prenne dans ses bras. En ce moment, Stéphane est malade et il a besoin d'être dans les bras. »

Stéphane lui a lancé un regard « Ha ! ha ! » comme s'il lui disait : « Tu vois, je suis important ! » Mais ce qui m'a surprise, c'est qu'elle a accepté et s'est montrée capable d'attendre une demi-minute avant que je la prenne dans mes bras.

Le défi à venir pour les parents était de libérer leurs enfants de leur obsession de tout ce qui est « égal », « pareil » et « juste ». Les deux exemples suivants démontrent comment une mère et un père se sont unis pour aider leurs fils à se « déconnecter » l'un de l'autre.

La rivalité entre nos deux garçons atteint son summum à l'heure du coucher. Zacharie déteste se coucher une demi-heure avant son frère Alex, « juste parce qu'il a deux ans de moins que lui ». Tous les soirs, c'est la même rengaine. Zacharie refuse de se calmer. Il chante, il fait des pirouettes sur son lit, il discute avec nous, il parle à Alex même après que celui-ci soit au lit et il le fait bruyamment pour lui faire savoir qu'il est encore réveillé.

De son côté, sentant que son statut d'aîné est en danger, Alex s'emporte. Lorsque mon mari ou moi essayons d'être ferme avec Zacharie, il insiste en disant qu'il est incapable de s'endormir avant l'arrivée d'Alex.

Plus tôt dans la semaine, j'ai essayé de les prendre ensemble pour parler de leurs besoins respectifs au moment du coucher. Désastreux, ils ont fini par se disputer!

J'ai quasiment abandonné. Mais le jour suivant, j'ai eu un tête-à-tête avec Zacharie et l'expérience a été complètement différente. Il a commencé en rouspétant contre le fait qu'Alex pouvait se coucher plus tard. Mais cette fois-ci j'avais préparé une réponse. J'ai dit : « On ne parle pas d'Alex, on parle de toi. » Il a voulu ajouter : « Mais Alex… » J'ai répété : « C'est un autre sujet. Je ne m'intéresse pas à Alex pour le moment. Je veux qu'on parle de *toi* et de *ton* besoin avant d'aller au lit. »

C'est ce qui a complètement changé l'orientation de notre discussion. Il m'a dit qu'il avait de la difficulté à s'endormir. Puis je lui ai demandé s'il pouvait me dire ce qui l'aiderait. Il a proposé de faire des exercices avant son heure de coucher pour évacuer son trop plein d'énergie. Il a ajouté qu'il aimerait bien passer un moment calme avec moi ou son père avant d'éteindre sa lumière. Depuis, tout va bien !

* * *

LES GARÇONS SE DISPUTENT.

ALEX : Papa, pourrais-tu lui expliquer qu'il peut traverser la rue quand je lui dis que c'est le bon moment ? Zacharie, cette voiture était au moins à un kilomètre de distance.

ZACHARIE : Ouais, c'est ça, un kilomètre. Si je t'avais écouté, je me serais fait écraser !

LE PÈRE : Alex, ton estimation du temps est parfaite pour toi. Zacharie, ton estimation du temps est parfaite pour toi. Je suis heureux de constater que même si vous n'êtes pas du même avis, chacun a confiance en son propre jugement.

Ce dernier récit nous donne une idée de ce que nos enfants attendent vraiment de nous, même s'ils mettent la pression pour obtenir un traitement préférentiel.

Ce que j'ai été mis à l'épreuve cette semaine ! Ariane (8 ans), ma fille du milieu, était assise sur le canapé à côté de moi, soudainement, elle m'a demandé : « Papa, qui préfères-tu entre Rachel, Émilie et moi ? »

Tout ce dont nous avions parlé la semaine dernière s'est effacé de mon esprit. La seule chose qui me venait c'était : « Chérie, je vous aime autant l'une que l'autre. » Brillant n'est-ce pas ?

Évidemment, ça ne l'a pas satisfaite. Elle a dit : « Supposons que nous sommes toutes dans un canot et qu'il se renverse. Tout le monde est en train de se noyer, à ce moment-là, qui sauverais-tu ? »

J'ai essayé de m'en sortir en disant : « Celle qui serait la plus proche de moi.

– Mais supposons que nous soyons toutes à la même distance ? »

J'ai fini par me souvenir.

« Ce serait une situation bien terrible, ai-je répondu. Chacune de vous m'est si chère, vous êtes tellement différentes les unes des autres. Qu'est-ce que je ferais si un malheur devait frapper mon Ariane ? Comment pourrais-je supporter l'idée de perdre quelqu'un avec qui il est si agréable d'être et de discuter ? Nulle part je ne pourrais jamais en trouver une semblable. Elle est tout à fait unique. C'est une véritable torture que de seulement y penser ! »

C'était bon ! Elle avait l'air complètement satisfaite. Elle ne m'a même pas demandé comment je me sentais à propos de ses sœurs. Elle voulait tout simplement vérifier sa valeur à mes yeux.

CHAPITRE V

Frères et sœurs dans leurs rôles

S'il est « comme ci », alors je serai « comme ça »

L a veille de la rencontre suivante, j'étais impatiente. Nous allions enfin nous attaquer au thème tant attendu par tous : les disputes. Deux heures complètes à trouver des moyens d'aider les enfants lorsqu'ils s'engagent dans un réel combat. Avec satisfaction, j'ai regardé une dernière fois le matériel que j'avais préparé et je l'ai glissé dans mon porte-documents.

La chienne est venue pousser ma cuisse avec son museau. Je l'ai ignorée. Elle a aboyé et m'a poussée une nouvelle fois. « O.K. Praline, O.K. » Je lui ai attaché la laisse autour du cou et je suis sortie avec elle sans tarder. Nous étions à peine à l'entrée de la cour que deux petits garçons se sont élancés vers nous, ils pointaient la chienne du doigt en poussant des cris aigus : « Toutou ! Toutou ! »

Ma nouvelle voisine les suivait de près. La dernière fois que je l'avais aperçue, elle promenait ses jumeaux dans une poussette. « Barbara !, me suis-je écriée, c'est étonnant de voir comme les garçons ont grandi. Ils marchent et parlent maintenant ! Ces deux-là aiment vraiment les chiens ! »

« Oui, on dirait… Mais regarde, le plus petit essaie de la caresser tandis que le plus grand s'est écarté. Il n'arrive pas à s'éloigner autant qu'il le voudrait. »

J'étais surprise par son commentaire, je ne savais quoi dire.

« Ils sont comme ça depuis qu'ils sont nés, a-t-elle poursuivi. Le petit est vraiment audacieux, rien ne l'effraie, alors que le plus grand a peur de son ombre. »

J'ai vaguement murmuré quelque chose et je me suis excusée, tirant le chien vers la maison. Je savais que si je restais une minute de plus, je risquais de dire quelque chose que je regretterais ensuite.

Comment pouvait-elle se permettre de parler de cette manière en leur présence ? Croyait-elle que les garçons ne l'avaient pas entendue ou ne l'avaient pas comprise ? Elle avait étiqueté chacun des garçons, les avait enfermés dans des rôles, et elle était totalement inconsciente des dommages qu'elle causait. Non seulement à chacun des garçons mais aussi à leur relation future.

De retour à la maison, j'ai commencé à m'interroger sur la rencontre du lendemain. Était-il trop tôt pour parler des disputes ? Nous devions peut-être discuter des rôles que nous attribuons aux enfants et de comment ceux-ci mènent aux disputes. Sinon, ce serait essayer de traiter un symptôme sans en comprendre la cause principale. D'un autre côté, les participants étaient tous « gonflés à bloc » pour le sujet du lendemain, moi y compris. Peut-être suffisait-il de leur demander de revoir les chapitres sur les rôles dans le livre *Liberated parents…*[11] et *How to Talk…*[12] Et d'en rester là.

Le téléphone a sonné. C'était mon fils aîné. Il avait l'air fatigué.

---

11. Traduit en français sous le titre : *Parents épanouis…*
12. Traduit en français sous le titre : *Parler pour que les enfants écoutent…*

« Bonjour maman, j'ai travaillé toute la semaine à la rédaction de mon devoir semestriel, je me suis dit que j'allais faire une pause et téléphoner à la maison. Comment allez-vous ?

– Bien ! Tu nous manques, en particulier à Praline. Elle te cherche partout et n'arrête pas d'aller dans ta chambre.

– Ça doit être difficile pour elle depuis qu'André et moi sommes partis de la maison.

– J'ai l'impression que c'est surtout toi qui lui manques.

– Ah bon, pourquoi moi ?

– Eh bien, c'est surtout toi qui t'en occupais.

– Ce n'est pas vrai, maman. C'est André qui remplissait son bol tous les matins.

– Je suppose. Mais toi, tu t'occupais de la sortir tous les jours. Et tu étais le seul à réussir à lui couper les griffes ou à lui nettoyer les oreilles. Ton frère était incapable de l'approcher avec un gant pour faire sa toilette.

– Peut-être, a-t-il ajouté visiblement embarrassé. Je ne sais pas… Bon, il vaudrait mieux que je me remette au travail ! J'ai beaucoup de choses à lire. Dis bonjour à papa de ma part. »

Il a raccroché.

Je n'en revenais pas ! Quelle mouche m'avait piquée ? Qu'est-ce qui m'avait pris d'essayer de donner le rôle de « responsable » à David ? Pourquoi diable l'encourager à se sentir supérieur par rapport à son frère ? Parce que je me sentais triste pour lui, seul dans sa petite chambre universitaire ? Tellement triste que je sentais que je devais lui donner un petit remontant aux dépens de son frère ? Et moi qui m'indignais du comportement de ma voisine envers ses fils !

L'affaire était classée. La rencontre sur le thème des disputes attendrait. Demain, nous discuterions des rôles, mais sous un angle complètement nouveau. Nous avions besoin de mieux comprendre ce qui se cache derrière cette envie irrépressible de mettre nos enfants dans des rôles. Nous devions non seulement explorer comment un rôle affecte chaque enfant en particulier, mais aussi comment chaque rôle affecte les frères et sœurs et pour finir, leur relation.

* * *

LE SOIR SUIVANT, j'attendais impatiemment que tout le monde s'assoie.

« Les disputes aujourd'hui ? », a demandé avec espoir une femme tout en se glissant sur sa chaise.

« La semaine prochaine », ai-je répondu. Et je leur ai raconté l'histoire de ma voisine, de mon appel téléphonique et de mes réflexions sur le sujet.

Ils ont écouté d'un air grave.

« Voici ce qui m'intéresse maintenant, ai-je ajouté, je veux savoir ce qui d'après vous conduit les parents à attribuer différents rôles à leurs enfants ? J'ai déjà mentionné une des causes probables, ce besoin absurde de stimuler l'ego d'un enfant, même aux dépens d'un frère ou d'une sœur. Quoi d'autre ? »

Ils ont aussitôt répondu :

« Le besoin absurde de stimuler notre propre ego. J'imagine que votre voisine était une petite fille timide et c'est ce qui la pousse à vanter les mérites d'un enfant audacieux.

– Le contraire est aussi vrai. Je pense que nous avons tendance à projeter nos faiblesses sur nos enfants. Je sais que j'accuse constamment mon fils d'être un "champion de la procrastination", alors que je suis le champion du monde pour tout remettre au lendemain.

– Je pense aussi qu'en quelque sorte nous apprécions l'idée d'avoir compris quelque chose de la personnalité de chacun de nos enfants. Parfois, j'appelle Gabriel "mon ponctuel" et Claire "ma retardataire". C'est comme une blague dans la famille.

– Je pense que nous mettons nos enfants dans des rôles parce que nous voulons que chacun se sente spécial. Je ne sais pas si c'est une bonne chose à faire mais je dis à mes enfants : "Tu es bonne en lecture, ta sœur est bonne en maths et ton frère est bon en art." C'est une façon de leur donner une identité propre à chacun. »

Tout à coup, une main s'est levée. « Je viens de prendre conscience de quelque chose, s'est exclamée une femme. Les parents ne sont pas les seuls à attribuer des rôles à leurs enfants. Les enfants se mettent eux-mêmes dans des rôles ! »

Le groupe a aussitôt continué dans cette ligne de pensée.

« C'est vrai. Un enfant jouera le "bon garçon" en partie parce qu'il recherche de l'amour et de l'approbation.

– Ou celui du "méchant garçon" pour obtenir de l'attention, y compris de l'attention négative.

– Les enfants sont aussi rusés. Ils savent qu'il y a des avantages à endosser certains rôles. Le "clown" de la famille peut s'en sortir même s'il fait de grosses sottises. L'enfant qui joue "au faible" réussit à faire travailler tous les autres pour lui. »

La même femme a encore levé la main. « Et nous n'avons même pas mentionné le fait que les enfants se mettent les uns les autres dans des rôles ! Et ça n'a rien à voir avec les parents non plus ! »

Je lui ai demandé de préciser sa pensée.

Elle a réfléchi pendant un moment. « Je vais vous donner un exemple de ce qui se passe chez moi. Mon fils aîné est petit et très mince. Il vante continuellement sa force et dit à son jeune frère qu'il est faible et froussard. Son frère, qui est bâti comme un bulldozer, finit par le croire. Il se pense faible et agit ainsi. Il refuse de soulever tout ce que nous lui demandons de porter parce que c'est "trop lourd". Il n'a pas conscience de sa force. Et si son frère parvient à ses fins, il ne la découvrira jamais. »

Nous sommes restés sans voix, dépassés par l'énormité et la complexité de la tâche. Nous enfermons les enfants dans des rôles. Les enfants se mettent eux-mêmes dans des rôles. Les enfants se mettent les uns les autres dans des rôles. Un homme a levé la main. « Puis-je jouer l'avocat du diable pendant un instant ? »

Nous nous sommes tous retournés vers lui.

« Si c'est tellement naturel de mettre les enfants dans des rôles au sein leur propre famille, peut-être qu'il y a une bonne raison. Et que personne ne l'a encore mentionnée.

– Laquelle ? ai-je demandé.

– Prenons l'exemple de l'enfant que vous considérez comme le génie de la famille. Cet enfant n'aura-t-il pas tendance à étudier davantage, à mieux réussir à l'école et au final à se bâtir une vie meilleure ? »

Trois personnes indignées ont voulu prendre la parole en même temps. « Vous la première, ai-je dit à la femme dont le visage avait viré au rouge écarlate !

– Il y a certainement des avantages pour l'enfant privilégié, a-t-elle dit sur un ton méprisant. C'est merveilleux pour lui. Mais que fait-on des autres ? Ils sont automatiquement classés dans la seconde catégorie. »

La femme qui attendait son tour a immédiatement renchéri.

« Et voyez l'hostilité engendrée lorsqu'un enfant est classé meilleur que les autres. Mon frère était la beauté de la famille. Les gens venaient constamment féliciter ma mère: "Votre fils est absolument magnifique ! Il ressemble à Robert Redford !… Et oh, c'est votre fille, ce qu'elle est mignonne !"

À l'époque, j'avais l'impression que ça ne me dérangeait pas. Mais j'aimerais que vous sachiez que depuis des années, je fais un rêve récurrent où mon frère et moi marchons dans la rue et tout à coup, son visage est coincé dans un casse-noix géant. »

Certains n'en revenaient pas, d'autres ont éclaté de rire. Dès que le groupe s'est calmé, la troisième femme est intervenue.

« Je peux témoigner, grâce à mon vécu, que ce n'est pas une partie de plaisir non plus pour l'enfant qui a reçu le rôle privilégié. C'est beaucoup de pression. Mes parents me complimentaient toujours en me disant que j'étais "la responsable", et j'ai essayé d'être à la hauteur de leurs attentes. Mais il y avait un prix à payer. Encore aujourd'hui, mes frères et sœurs jouent le rôle des personnes faibles et la tâche m'incombe de régler tous nos problèmes de famille. »

À ce moment-ci, presque toutes les mains étaient levées. Tous voulaient nous raconter comment ils avaient été mis dans des rôles en grandissant et comment ces rôles les avaient affectés. Chaque récit, quoique complètement différent du précédent, rendait compte d'un même phénomène. Un rôle semblait déterminer le rôle de l'autre : « J'étais toujours la bonne à rien, mon frère était M. Parfait. »… « J'étais un petit diable, ma sœur était un modèle de vertu. »

Et quand les rôles des personnages de la pièce étaient distribués, les acteurs avaient l'air de jouer leur rôle de façon quasi obsessionnelle : « J'ai décidé qu'étant accusé d'être "l'enfant terrible", j'allais me comporter ainsi. »… « Comme on s'attendait à ce que je sois d'apparence négligée, je ne devais pas décevoir. »

Et toujours avec le même résultat, cet antagonisme entre les frères et sœurs : « J'en voulais à mon frère d'être "le compétent". À côté de lui, je me sentais médiocre. »… « J'ai détesté ma sœur parce qu'elle avait un tempérament colérique. Ça m'obligeait à être celle qui devait garder son calme. »

Et même lorsque les rôles n'étaient pas directement opposés, les enfants étaient définis ou se définissaient eux-mêmes en fonction des autres : « Je n'étais pas aussi populaire que ma sœur »… « Je n'étais pas un meneur comme mon frère. »

Et ça se terminait toujours par ce ton attristé qui accompagne le « encore aujourd'hui ». « Encore aujourd'hui, la tension persiste entre nous. »... « Encore aujourd'hui, nous ne réussissons pas à nous entendre. »... « Encore aujourd'hui, je sens que c'est inacceptable si je ne suis pas le comique... le meilleur... la responsable. »

Lorsque chacun a eu terminé de partager son expérience, le calme est revenu, chacun réfléchissant à ce qu'il venait d'entendre. Quelqu'un a demandé : « Une famille peut-elle être composée de rôles qui s'accordent les uns avec les autres sans difficulté et que le tout fonctionne harmonieusement ? »

« J'imagine que c'est possible, ai-je répondu, mais nous devons aussi préparer nos enfants à ce qui les attend à l'extérieur de la famille. Et la vie nous demande d'assumer plusieurs rôles. Nous devons savoir comment nous occuper des autres et comment laisser les autres prendre soin de nous ; comment être des meneurs et des suiveurs ; comment être sérieux et un peu foufou ; comment vivre dans le désordre et comment mettre de l'ordre. Pourquoi devrait-on limiter l'un de nos enfants ? Pourquoi ne pas tous les encourager à saisir leurs chances, explorer leur potentiel, découvrir en eux des forces qu'ils n'avaient jamais crues possibles. »

Notre avocat du diable n'a pas été impressionné par mon beau discours.

« Vous parlez d'un genre d'idéal, a-t-il déclaré, voyons les choses en face, les gens ont des qualités et des limites naturelles. Ma fille aînée est une musicienne douée. Elle n'a que 10 ans et elle peut jouer le concerto en ré de Haydn d'un bout à l'autre. La plus jeune n'avait pas l'oreille musicale, alors nous l'avons orientée vers la gymnastique. »

Il ne pouvait avoir choisi pire exemple que celui-là. Ses mots ont réveillé en moi les souvenirs d'une partie de mon enfance oubliée depuis longtemps. L'expérience était maintenant de retour, plus fraîche et sensible que jamais. Je lui ai raconté toute l'histoire, depuis le début, de ce nouveau piano en acajou que mes parents avaient fièrement acheté pour leurs enfants. J'observais ma grande sœur en jouer, animée par l'ardent désir d'enfin avoir l'âge de prendre des cours. Et puis la première année, j'ai pris des leçons avec un enseignant qui me disait constamment que j'étais sa pire élève. Pourtant, en dépit de ses critiques et de mon inaptitude, je jouais sans fin joyeusement mes premières pièces. Et finalement, est arrivée cette grande interrogation entre mes parents pour déterminer si continuer mes cours était *profitable* ou pas.

Je connaissais le verdict avant qu'il ne soit prononcé. Ma sœur était la « musicienne » de la famille. Ils pouvaient peut-être trouver autre chose pour moi. J'ai accepté leur décision sans protester. Ils avaient raison. J'avais beau y mettre tous les efforts possibles, il semblait que j'apprenais lentement et difficilement.

Mais, la perte de la musique a été une perte énorme dans ma vie. C'est seulement au cours des mois suivants que j'ai réalisé à quel point ça me manquait. Je ne supportais pas d'entendre ma sœur jouer. Chaque note me heurtait.

Furtivement, quand j'étais seule, je ressortais mes cahiers et j'essayais d'apprendre par moi-même. J'ai même réussi à faire des progrès. Mais finalement, la tâche m'a paru insurmontable et j'ai abandonné. La musique et moi, ça ne faisait pas bon ménage.

L'homme m'a regardée avec insistance. Il avait l'air d'être sur le point de dire quelque chose quand une femme s'est mise à parler d'une voix tremblante : « Mes parents m'ont offert des leçons de piano quand j'avais 8 ans. Ma petite sœur me regardait m'exercer et lorsque j'arrêtais de jouer, elle s'asseyait au piano et essayait de reproduire ce qu'elle avait entendu. Puis un jour, elle s'est assise au piano, et sans avoir suivi de cours, elle a joué la pièce sur laquelle je m'étais acharnée depuis un mois. Après cela, j'ai arrêté de jouer. J'ai dit à ma mère que je ne voulais plus suivre de cours. »

« Et ta mère t'a laissée arrêter ? », ai-je demandé.

Elle a acquiescé.

« Je me demande ce qui serait arrivé, si au lieu d'accepter ta décision, ta mère avait dit : "Je ne vois pas pourquoi tu devrais t'arrêter. Tu sembles aimer jouer du piano et tu fais des progrès." Qu'aurais-tu répondu à cela ?

– J'aurais probablement dit : "Mais tu gaspilles ton argent, Michèle joue bien mieux que moi. Elle connaît déjà tout mon morceau." »

J'ai continué à parler comme si j'étais sa mère :

« Chérie, je vois bien que cela a pu te décourager, mais la façon dont Michèle joue n'a rien à voir avec toi. Ça n'a pas d'importance que quelqu'un apprenne une pièce plus rapidement ou plus lentement qu'une autre. L'important, c'est le sens que tu donnes à ta musique et que nul autre ne peut donner. L'important, c'est le plaisir que ça t'apporte de jouer. Je ne voudrais jamais que tu te prives de cela. »

Elle a retenu ses larmes avant de dire :

« J'aurais seulement eu besoin d'entendre ça.

– Je sais, dis-je. (Oh que oui, je le savais !) Partout, il existe de nombreux petits garçons et petites filles qui sont privés de leur droit à l'égalité des chances à cause des prouesses de leurs frères ou sœurs. »

Je me suis ensuite adressée au groupe. « C'est sûr, certains enfants ont de grands dons naturels et ces dons doivent être reconnus et encouragés, mais pas aux dépens des frères et sœurs. Quand un enfant revendique un domaine de compétence particulier, restons vigilants pour ne pas exclure les autres de ce champ d'activité. Et assurons-nous que les autres ne s'excluent pas eux-mêmes. Méfions-nous des déclarations du genre : "C'est le musicien de la famille"… "Elle est la plus intelligente."… "Lui, c'est l'athlète."… "Elle est l'artiste." On ne devrait permettre à aucun enfant de s'accaparer un secteur de l'activité humaine. Nous voulons démontrer clairement à chacun de nos enfants que les joies de faire des études, de danser, de faire du théâtre, de la poésie, du sport, appartiennent à tous et ne sont pas réservées à ceux qui ont des aptitudes spéciales. »

Pas le moindre murmure d'opposition ne s'est fait entendre.

J'ai proposé au groupe : « Que penseriez-vous de profiter de la semaine prochaine pour observer si l'un de nos enfants joue un rôle, pour quelque raison que ce soit, et réfléchir aux façons de l'en libérer afin de lui permettre de devenir l'être unique qu'il a le potentiel de devenir ? »

Soudain, je me suis souvenue. « Oh, non ! me suis-je exclamée, j'avais complètement oublié. Je vous avais promis une rencontre sur le thème des disputes la semaine prochaine ! »

Avec un geste rassurant de la main mon « avocat du diable » a déclaré : « Ça va, ils vont juste se disputer une semaine de plus. Ce que nous sommes en train d'aborder ici est important. »

Libérer les enfants pour leur permettre de changer

Habituellement, le début des rencontres de parents se fait tout en douceur. Les gens ont besoin de temps après une semaine chargée pour se reconnecter aux sujets qui les lient au groupe. Mais, ce n'est pas le cas de ce groupe-ci. Ils reprennent le fil de la discussion de la semaine précédente comme s'ils venaient tout juste de prendre une pause-café.

« La semaine dernière, j'ai beaucoup réfléchi à la tâche assignée suite à notre rencontre et j'étais bien décidée à ce que personne dans la famille ne mette qui que ce soit dans un rôle. Puis dimanche, en présentant mes garçons au nouveau ministre du culte de notre paroisse, je me suis entendue dire : "Celui-ci, c'est mon aîné, voici celui du milieu et puis mon bébé." Je n'ai même pas prononcé leur nom ! Et je dois admettre que je les traite de cette façon-là. Je gâte mon fils de 5 ans parce qu'il est le plus jeune ; celui du milieu est juste là, plutôt en sandwich entre les deux autres ; et je suis constamment sur le dos de celui qui a 10 ans pour qu'il agisse "comme un enfant de son âge". »

« Je comprends ce que vous dites, a commenté un père. Dès le moment où Katia a eu le bébé, je me suis mis à pousser Raphaël pour qu'il agisse comme un "grand". Hier soir, je lui ai dit qu'il était un grand garçon maintenant et qu'il devrait mettre son pyjama tout seul. Il était mécontent. Il a dit : « Papa, tu ne vois pas qu'en dessous de cette peau-ci, je suis encore très petit ? »

« C'est une chose que nous n'avions pas mentionnée la semaine dernière, a dit quelqu'un. Et c'est tellement évident. Nous traitons les enfants selon leur ordre de naissance.

– Et parfois, a ajouté une autre femme, nous les traitons selon *notre* ordre de naissance. »

Nos regards se sont tournés vers elle, exprimant la confusion la plus totale.

« Je vais tenter de faire court, a-t-elle dit. J'ai été cette sœur aînée qui a toujours trouvé son petit frère casse-pieds. Je devenais donc très susceptible à chaque fois que je voyais mon fils déranger sa sœur aînée et je l'accusais aussitôt d'être une "casse-pieds". J'ai l'impression que je me suis identifiée à ma fille.

Par contre, mon mari qui était le petit frère a eu la réaction inverse. Il s'identifie à mon fils, le voit comme la victime et il accuse toujours notre fille d'être "méchante" avec son petit frère. Donc, dans le scénario de mon mari, c'est notre fille qui est le "bourreau" et notre fils est la "victime". »

Le problème nous a tous intrigués. Quelques personnes nous ont confié qu'elles aussi avaient tendance à s'identifier avec l'enfant dont le rôle correspondait le plus fidèlement au leur lorsqu'elles étaient enfants. Mais d'autres ont vite fait remarquer qu'il n'était pas nécessaire d'avoir une histoire particulière pour considérer un enfant comme l'opprimé et l'autre comme l'oppresseur. Ils nous ont parlé de leurs enfants qui étaient vraiment passifs et doux alors que d'autres étaient vraiment « méchants », « casse-pieds », « tyranniques ».

« Est-ce que quelqu'un peut me donner un exemple?, ai-je demandé.

– Mes deux filles, a répondu une femme. Je sais que c'est difficile à croire mais ma petite de 3 ans agit comme le « bourreau ». Elle prend des choses qui appartiennent à sa sœur aînée, elle l'égratigne, la mord... Et sa sœur reste là bêtement et encaisse. Elle n'essaie même pas de se défendre. Ça me tue de voir ça mais je ne sais jamais quoi faire.

– Et que faite-vous? », ai-je demandé.

Elle s'est mise à rire, d'un air gêné en ajoutant :

« Probablement ce qu'il ne faut pas. Je dis à la petite qu'elle est méchante et je lui dis de sortir de la chambre.

– Et ce qui vous exaspère, ai-je rajouté, c'est qu'une heure plus tard, elle est de retour et recommence.

– Exactement!, s'est exclamée la femme, et disons qu'en général, c'est une minute plus tard. Mais comment faire? Je dois l'arrêter n'est-ce pas?

– Absolument. Mais l'idée, c'est de l'arrêter sans renforcer les rôles de chacune des filles. »

J'ai demandé à la femme de jouer le rôle de sa petite fille de 3 ans, ceci afin de rendre la situation qu'elle décrivait plus parlante pour nous tous. Je serai la mère. « Quelqu'un veut jouer le rôle de la grande sœur? » Une volontaire s'est présentée. Nous avons joué la scène deux fois. La première fois, j'ai porté mon attention vers celle de 3 ans, "l'agresseur" et j'ai ignoré sa sœur. La seconde fois, j'ai porté mon attention vers la grande sœur. Voici ce que nous avons mis en scène.

Ne vous occupez pas de l'« agresseur »

Occupez-vous de l'enfant « agressé »

La femme qui avait joué le rôle de sa fille de 3 ans était surprise. « Quelle différence!, a-t-elle dit. La première fois, lorsque vous avez crié et m'avez secouée, j'ai pensé : "Chouette! J'ai maman juste pour moi maintenant." Mais la seconde fois, lorsque vous avez porté attention à ma sœur, j'ai pensé : "Ça ne vaut pas le coup. Je ne recommencerai pas!" »

« Mais admettons que vous avez mal étiqueté les enfants?, a dit une autre femme. Ma sœur avait l'habitude de me frapper sans arrêt, ma mère croyait alors qu'elle était l'agresseur. Elle ne savait pas que je faisais exprès de "chercher" ma sœur pour que *celle-ci* me frappe, question de lui attirer des ennuis. Ma mère n'a jamais compris ça. »

De petits sourires malicieux sont apparus sur quelques visages. Il était évident que ce scénario entre frères et sœurs n'était pas rare.

« Raison de plus pour *ne pas* distribuer des rôles à nos enfants, ai-je dit. Même lorsque nous observons la scène en direct, nous arrivons facilement à la mauvaise conclusion. »

La mère des deux filles secouait la tête.

« C'est peut-être vrai, a-t-elle dit, mais selon moi, chaque enfant naît avec une certaine nature et rien de ce que les parents feront ne pourra changer cela. Dès la naissance, je me souviens bien que mes deux filles étaient très différentes. C'était le jour et la nuit. La plus petite était une "enquiquineuse", alors que l'aînée... »

Je n'écoutais plus. Je savais exactement ce qu'elle allait rajouter. Dire qu'à un moment donné, j'aurais sans aucun doute partagé son avis. En mon for intérieur, j'ai soupiré. Comment l'atteindre? Rapidement, j'ai pensé lui raconter l'histoire de mes deux garçons, mais j'ai décidé de ne pas le faire. C'étaient des souvenirs que je ne voulais pas raviver.

La pièce semblait soudainement manquer d'air. La femme a continué à disserter sur l'immuabilité des traits de personnalité.

Finalement, elle a conclu : « C'est donc comme se frapper la tête contre un mur que d'essayer de changer la nature humaine. » J'ai fait le tour de la pièce du regard, espérant trouver le champion d'un autre point de vue. Aucun. Je ne voyais qu'un groupe de personnes assises sans bouger, affichant un air résigné. J'ai pensé : « C'est bon, je me lance ! »

« Je me sentais comme vous, ai-je prononcé lentement, plus spécialement quand mes enfants étaient petits. J'avais décidé que mon aîné était une brute de naissance et que mon cadet était doux et gentil. Et chaque jour m'apportait une preuve toute fraîche que j'avais raison. Parce que chaque jour, David me semblait de plus en plus méchant et chaque jour André me semblait plus vulnérable, plus pathétique, ayant de plus en plus besoin que je le protège.

Le point tournant a eu lieu lorsque les garçons avaient 10 et 7 ans. Je suivais un atelier avec le Dr Haim Ginott, je l'ai entendu parler de la question de traiter nos enfants non pas comme ils étaient mais comme nous espérions qu'ils deviennent. Cette idée a complètement changé ma façon de penser. Ça m'a rendue capable de voir mes enfants avec des yeux neufs. Qu'est-ce que *j'espérais donc* qu'ils deviennent ?

La réponse ne m'est pas venue facilement. Il m'a fallu beaucoup y réfléchir : certes, David était capable d'être méchant et agressif, mais il était aussi capable d'être gentil, de se retenir, d'obtenir calmement ce qu'il voulait. C'étaient ses qualités personnelles qui avaient besoin d'être affirmées.

En même temps, je savais que je devais cesser de voir André comme une "victime" pour me débarrasser de cette étiquette. Je me suis dit : "Il n'y a plus de victime dans ma maison. Il y a seulement un garçon qui a besoin d'apprendre à se protéger et à être respecté."

Changer ma façon de penser a engendré de véritables miracles. Disons qu'en constatant que mes garçons répondaient à mes nouvelles attentes, cela m'a paru comme des miracles. Une partie de ce récit est décrite dans le livre *Liberated Parents-Liberated Children*. Mais ce que je n'ai pas écrit, je m'apprête à vous le dire maintenant ». J'ai pris une longue respiration. Je n'avais vraiment pas envie de creuser pour faire ressurgir la partie qui suit.

« C'était un samedi matin. Les garçons tournaient autour de moi dans la cuisine. Je préparais le déjeuner[13], je me sentais très bien, me félicitant de les voir si bien s'entendre. Du coin de l'œil, j'ai vu David tenir une cuillère au-dessus de la plaque électrique d'où j'avais tout juste enlevé une casserole remplie d'eau bouillante. Tout à coup, il a dit à André :

"Tu veux voir comment ça peut devenir chaud ? Viens."

Quand André a été à sa portée, David l'a empoigné et il a appuyé la cuillère brûlante sur la peau nue de son cou.

André a hurlé de douleur. J'ai hurlé. David s'est précipité hors de la pièce. J'ai soigné la brûlure de mon mieux, j'ai essayé de réconforter André. Puis, je suis allée dans ma chambre et me suis assise.

Je ne me souviens pas m'être sentie aussi déprimée de toute ma vie. David avait agi avec tant de froideur, de cruauté. Un acte nettement calculé et si délibérément vicieux. Je me suis sentie folle de lui avoir fait confiance. Il ne changerait jamais, peu importe le regard que je poserais sur lui. Il était né ainsi et provenait d'une lignée machiavélique. C'était de la mauvaise graine, impossible que ça vienne de moi !

Puis, j'ai entendu frapper à la porte. C'était David.

Je pouvais à peine recouvrer un timbre sonore.

"Que veux-tu ?", ai-je demandé.

Il n'a pas répondu. Il se tenait là debout, petit et apeuré.

---

13. Utilisé au Canada pour l'équivalent du *petit déj.*

Ça m'a remuée. Je ne sais pas d'où c'est venu, mais je me suis entendue dire :

"Quelle chose idiote à faire! Tellement idiote! Tu me fais penser à oncle Stef.

– Oncle Stef?

– Oui, ton oncle Stef chéri. Celui qui t'emmène à la pêche et qui est tellement gentil. En tant que sœur, je peux te dire qu'il n'était pas si gentil avec moi. Une fois, il m'a arraché un ongle d'orteil abîmé. La plaie a saigné et ça m'a fait un mal d'enfer. Il m'a fait promettre de ne pas le dire à maman."

David était stupéfait.

"Pourquoi a-t-il fait ça?

– Parce que lorsque les enfants grandissent, ils expérimentent et ils se font des choses idiotes, bêtes, cruelles entre eux. Mais ça ne veut pas dire qu'ils sont idiots ou cruels."

J'ai vu tout son être se transformer sous mes yeux. Il avait fait quelque chose de monstrueux, complètement répréhensible, mais si sa mère ne le voyait pas comme un monstre et si son oncle, qui avait fait quelque chose d'aussi méchant s'en était sorti, peut-être qu'il y avait encore de l'espoir pour lui aussi.

Après le départ de David, je me suis assise sur mon lit, retournant toute la scène dans ma tête, encore et encore. Soudainement, j'ai compris que l'idée de voir David autrement n'était qu'une partie de la réponse. La suite, c'était de lui demander d'*agir* autrement, et de le rendre responsable d'agir autrement. C'est ce qu'il avait besoin d'apprendre des adultes présents dans sa vie.

Une semaine plus tard, il m'a encore mise à l'épreuve. Il suivait son frère dans la salle de séjour, le taquinant au point de le faire pleurer. Mais cette fois-ci, je n'ai pas perdu espoir. Je l'ai plutôt attrapé par les épaules, tourné vers moi et fixé dans les yeux.

"David, ai-je dit d'un ton féroce, tu as la forte capacité d'être gentil, tu dois t'en servir !"

Il a souri d'un air penaud. Mais les taquineries ont cessé. »

Les membres du groupe avaient tous l'air fascinés par mon histoire. « Je suis impressionnée. » a dit quelqu'un. C'était la femme qui avait exposé son point de vue sur l'inné versus l'acquis.

Je me suis adressée directement à elle.

« Ce que vous venez de dire est vrai : les enfants naissent avec différents tempéraments. Mais en tant que parent, nous avons le pouvoir d'influencer ces tempéraments pour donner un coup de main à la nature. Utilisons notre pouvoir avec sagesse. Ne mettons pas nos enfants dans des rôles destructeurs. »

La femme semblait abattue.

« Mais je ne saurais même pas par où commencer, a-t-elle dit. Comment faire ? Je veux dire, si je devais faire des changements avec mes deux enfants comme vous l'avez fait avec vos fils, il m'en faudrait davantage pour aller plus loin. »

Un père a répondu :

« Je commence à voir que c'est une chose bien compliquée. Si nous voulons aider un enfant à changer, il faut se préparer à travailler aussi avec les autres membres de la famille. »

Une idée m'est venue :

« Peut-on prendre l'exemple de deux enfants d'une même famille qui jouent des rôles opposés et tenter d'imaginer comment les aider à se sortir de ces rôles ?

– Oui », a-t-il dit.

J'ai demandé :

« Quel exemple utiliser ? »

Sans hésitation il a suggéré :

« Pourquoi pas l'exemple que vous avez mentionné, celui où un enfant joue le rôle du bourreau et l'autre celui de la victime ? C'est le cas de mon fils et de ma fille... Si tous les autres partagent le même avis... »

Pas de doute, c'était acceptable pour l'ensemble du groupe ! De toute évidence, la combinaison bourreau/victime était populaire.

Je me suis demandé comment structurer cet exercice. La semaine dernière, nous avions conclu que, dans une famille, le rôle attribué à un enfant provenait de trois sources différentes : les parents, les autres frères et sœurs et l'enfant lui-même. Ce serait donc logique d'isoler le moment où chacune de ces sources fait ses ravages et d'imaginer quoi faire, s'il s'avérait possible de faire quelque chose. Notre tâche se ferait en deux étapes : amener le persécuteur à avoir de la compassion pour l'autre et faire émerger la force présente chez la victime.

Voici ce que nous avons imaginé sous forme de bandes dessinées :

Fini les « bourreaux »

Au lieu de traiter l'enfant
comme un « bourreau »

Le père peut l'aider à voir
qu'il est capable de se conduire
de façon civilisée

Si ses frères et sœurs le
considèrent comme un « bourreau »

Le père peut offrir aux enfants
une nouvelle façon de voir leur frère

Si l'enfant lui-même
se considère comme un « bourreau »

Le père peut l'aider à voir
qu'il est capable d'être « gentil »

Fini les « victimes »

Au lieu de traiter l'enfant
comme une « victime »

Le mère peut lui montrer
comment se défendre

Si ses frères et sœurs
le considèrent comme une « victime »

Le mère peut leur offrir
une nouvelle façon de voir leur sœur

Si l'enfant elle-même
se considère comme une « victime »

Le mère peut l'aider à voir en elle
une force qu'elle ne voyait pas

Un bref rappel…

Ne laissez personne enfermer
un enfant dans un rôle

Ni ses parents :

AU LIEU DE : « Jean, as-tu caché la balle de ton frère ?
Pourquoi es-tu toujours aussi méchant ? »

DITES : « Ton frère veut qu'on lui rende sa balle. »

Ni l'enfant lui-même :

JEAN : « Je sais que je suis méchant. »

VOUS : « Tu es aussi capable d'être gentil. »

Ni ses frères et sœurs :

LA SŒUR : « Jean, tu es méchant ! Papa, il ne veut
pas me prêter sa colle ! »

VOUS : « Essaie de le lui demander autrement.
Tu seras peut-être surprise de voir comme
il peut être généreux. »

**Si Jean fait mal à son frère, occupez-vous du frère
sans attaquer Jean.**

VOUS : « Ça doit faire mal. Tu veux que je frotte doucement ? Jean a besoin d'apprendre à s'exprimer
avec des mots, pas avec ses poings ! »

Ces exemples trouvés, nous étions fiers de notre travail. Par
contre nous avons aussi été surpris du temps nécessaire pour
arriver à ce résultat. Il nous avait fallu longuement réfléchir pour
trouver une phrase capable d'aider deux enfants à se percevoir
différemment.

J'ai regardé ma montre. Il nous restait une demi-heure avant la fin de notre rencontre. J'avais l'impression que nous avions déjà exploré notre sujet en profondeur et qu'il était peut-être temps de faire le bilan de nos échanges. J'ai distribué les aide-mémoire préparés chez moi et j'ai demandé aux participants de prendre une pause de cinq minutes pour se dégourdir les jambes.

Fini, les enfants « problèmes »

La pièce s'est vidée. Certains se sont dirigés vers la fontaine à eau, d'autres sont restés debout dans le couloir à discuter entre eux. Je me suis assise au bureau et j'ai survolé mes notes pour voir ce que nous allions faire par la suite. Nous avions déjà couvert tous les points importants et plus encore. J'ai envisagé de les laisser partir plus tôt.

Tout à coup, je me suis rendu compte que je n'étais pas seule. Une femme était debout devant mon bureau, attendant que je lève la tête. Elle avait l'air agitée. « Est-ce que je peux vous parler en privé ? », a-t-elle murmuré.

Je lui ai fait signe de s'asseoir.

« Je suis vraiment bouleversée par toute cette discussion, a-t-elle dit en parlant très vite. Ça implique que n'importe quel enfant peut être libéré de jouer n'importe quel rôle. Mais ce n'est tout simplement pas vrai. Que fait-on de l'enfant qui est affligé d'un problème sérieux ou d'un handicap ? Un handicap devient un rôle en soi et personne ne peut libérer un enfant de cela. »

Je n'étais pas certaine de bien comprendre.

« Et ce n'est la faute de personne, a-t-elle poursuivi, un tremblement dans la voix. Ce n'est pas la faute des parents. Je n'ai pas provoqué le trouble d'apprentissage de mon fils. Ce n'est pas quelque chose que ses frères et sœurs lui ont fait non plus. Et il ne s'est sûrement pas fait cela à lui-même. Cependant, il est pris dans ce rôle et personne n'y peut rien ! »

136 Frères et sœurs sans rivalité

C'était un gros morceau. Il n'y aurait pas de départ plus tôt ce soir.

« S'il vous plaît, ai-je dit avec insistance. Il est important que nous réfléchissions à cela tous ensemble. Accepteriez-vous de partager votre réflexion avec les membres du groupe ?.

– Je ne pense pas qu'ils... Je suis probablement la seule ici qui rencontre ce... Bien, si vous voulez...»

Les participants de retour, elle leur a répété essentiellement ce qu'elle m'avait dit.

Ils ont écouté pensivement, et avec délicatesse, lui ont demandé plus de détails.

« Alors, a-t-elle dit à contrecœur, quand Nicolas ne comprend pas quelque chose, il se lance par terre, donne des coups de pied, il jure et fait des sons bizarres ; puis il dit qu'il est idiot. Il se perçoit comme un handicapé. C'est son rôle. Et c'est ce qu'il joue à longueur de journée. »

Les gens, visiblement mal à l'aise, se tortillaient sur leur chaise. J'étais moi aussi mal à l'aise. J'aurais dû faire confiance à l'instinct de cette femme qui lui disait de ne pas révéler son expérience douloureuse à des personnes qui, peut-être ne pourraient pas comprendre ce qu'elle vivait. Tous les autres ici avaient des enfants normaux avec des problèmes normaux.

Une autre femme a levé la main et s'est mise à parler très lentement, en pesant ses mots. « Vous décrivez quelque chose de très semblable à ce que je vis. Mon fils, Jonathan souffre de paralysie cérébrale. Peu importe les efforts que nous faisons pour l'aider, il se sent constamment frustré par ce qu'il ne peut pas faire. Il est toujours fâché, contre moi, son père, sa sœur et surtout contre lui-même. J'oserais dire que son identité personnelle est étroitement liée à son handicap. »

Les participants étaient sans voix. Une impasse. Les problèmes présentés par ces deux mères semblaient trop extrêmes pour être réglés à partir de n'importe quelle habileté dont nous avions parlé ici.

Très doucement, quelqu'un a demandé à la mère de Jonathan : « Comment votre fille réagit-elle à tout ceci ?

– Oh, Jasmine est merveilleuse, tout simplement merveilleuse ! Elle n'exige que très peu de moi. »

Presque tous ont eu l'air soulagés. Sauf un homme, il fronçait les sourcils.

« Je n'ai pas de doute qu'elle soit merveilleuse, a-t-il laissé tomber, mais elle ne devrait pas avoir à se soucier d'être merveilleuse. Ce n'est pas juste pour elle. C'est une enfant. Elle devrait se sentir libre d'agir. Elle ne devrait pas avoir à marcher sur des œufs pendant toute son enfance afin de compenser les problèmes de son frère. »

Plusieurs personnes le regardaient, inquiètes, effrayées par la dureté de ses mots. Il les a ignorées, continuant à s'adresser à la mère de Jonathan.

« Je parle d'expérience, a-t-il ajouté. Mon plus jeune frère était un enfant maladif. À l'âge de 7 ans, il a commencé à faire de l'asthme, à 13 ans, il a développé des ulcères. Mes parents ne faisaient que se soucier ou parler des maladies de Samuel. "L'asthme de Samuel était mieux aujourd'hui... Les ulcères de Samuel étaient pires aujourd'hui." Mes besoins à moi n'étaient pas importants. Je n'oublierai jamais quand à 14 ans, j'ai demandé de l'argent à mon père pour aller au cinéma. Il s'est fâché et a dit : "Comment peux-tu avoir l'idée d'aller au cinéma alors que ton frère est si malade !" »

On lisait la détresse sur le visage de la mère de Jonathan.

« Entendez-moi bien, a-t-il continué, je ne minimise pas les difficultés que vous traversez, mais c'est l'expérience d'une personne qui a été l'un de ces enfants merveilleux. C'est vraiment nul comme rôle. Être constamment merveilleux, c'est une énorme pression. Les enfants ont le droit d'être normaux et leurs besoins normaux devraient être aussi importants que ceux de l'enfant qui a des problèmes.

– J'ai grandi avec une sœur handicapée, a enchaîné une femme avec amertume, je sais exactement de quoi vous parlez. »

Son commentaire m'a étonnée. De toute évidence, plusieurs personnes présentes ici avaient grandi dans un foyer avec un frère ou une sœur ayant de sérieux problèmes.

« Mes parents, a-t-elle poursuivi, m'ont fait sentir que puisque j'étais normale, je ne méritais pas de recevoir de l'attention. Mais ma sœur était servie sur un plateau d'argent parce qu'elle était en fauteuil roulant. J'ai toujours eu l'impression qu'elle en tirait avantage en se montrant moins forte qu'elle ne l'était en réalité. Quoi que j'ose demander, ma mère et ma grand-mère répondaient : "Tu devrais avoir honte. Ta sœur est tellement plus dans le besoin que toi." Et elles se demandaient pourquoi je n'étais pas gentille avec elle ! »

« Eh bien, ai-je dit lentement, en essayant d'absorber ce que je venais tout juste d'entendre. On dirait que lorsqu'un enfant est considéré comme l'enfant "problème", peu importe la cause, certaines dynamiques se mettent en place :

• L'enfant "problème" engendre plus d'un problème ;

• Les parents accablés commencent à faire des demandes auprès des enfants "normaux" pour que ceux-ci exigent moins, tentant ainsi de contrebalancer avec le poids des nombreux besoins de l'enfant "problème" ;

• Les besoins des frères et sœurs sont rejetés ;

• Les frères et sœurs "normaux" développent du ressentiment envers l'enfant "problème".

Comment est-il possible, ai-je continué, d'avoir une bonne relation avec un frère ou une sœur envers qui l'on éprouve du ressentiment tout en se sentant coupable d'éprouver un tel ressentiment ?

– On ne peut pas, a dit l'homme, c'est justement ça l'ennui. »

Mon cerveau ne pouvait plus penser.

« Alors, quelle solution envisager ? », ai-je demandé.

Il a répondu avec vigueur :

« Exactement ce que nous disons ici depuis le début. Ne mettons pas les enfants dans des rôles. On peut les considérer comme des personnes en soi. Pourquoi cela devrait-il être différent avec un enfant handicapé ou malade ? Mon frère Samuel était bien plus que son asthme ou ses ulcères. »

La femme dont la sœur était en fauteuil roulant a enchaîné avec la même ardeur :

« Je dirais de traiter tous les enfants comme s'ils allaient bien. Sans oublier les enfants qui ont de sérieux problèmes. Nous les sous-estimons beaucoup trop. »

Leurs voix ont résonné avec beaucoup de conviction. La théorie était extraordinaire, mais était-elle envisageable sur le plan pratique ? Était-ce réaliste de se croire capable de traiter ces enfants comme étant fondamentalement aptes , en particulier au moment même où ils exhibaient leur « comportement problématique » ? Le défi semblait de taille.

« Voyons ce que nous pouvons faire, ai-je dit au groupe. Prenons les situations que vous avez mentionnées plus tôt : l'enfant atteint d'une paralysie cérébrale qui hurle sa frustration, l'enfant qui est abattu par ses difficultés d'apprentissage, l'enfant en fauteuil roulant qui se montre moins capable qu'elle ne l'est en réalité. Essayons maintenant, dans ces moments pénibles, de traiter tous les enfants de la famille comme s'ils étaient tous "corrects". »

Après une longue discussion, voici ce que nous avons trouvé :

Fini les enfants « problèmes ».
Au lieu de vous centrer sur les faiblesses de ces enfants,
centrez-vous sur leurs forces.

Au lieu de…   Centrez-vous sur leurs forces.

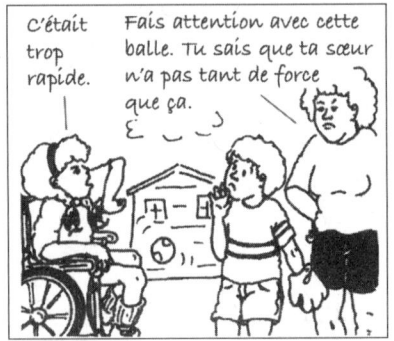

Au lieu de…   Centrez-vous sur leurs forces.

Au lieu de…   Centrez-vous sur leurs forces.

Nos échanges autour de ce travail ont fait émerger une nouvelle conviction parmi les membres du groupe. Plusieurs personnes tentaient de la décrire. C'est en rajoutant leurs idées les unes à la suite des autres qu'elles y sont arrivées :

« Je vois maintenant que c'est aux parents que revient la tâche de donner le ton, de s'assurer que personne dans la famille n'est étiqueté comme étant "le problème". »

« Certains d'entre nous peuvent avoir de plus grands besoins ou défis que d'autres mais ce que nous avons en commun c'est le besoin d'être acceptés tels que nous sommes. »

« Et chacun d'entre nous est capable de grandir et changer. »

« Ça ne veut pas dire que nous n'aurons pas de problèmes, mais nous y ferons face à mesure qu'ils surviendront. L'important, c'est de croire en nous-mêmes. »

« Et de croire les uns en les autres. »

« Et de se soutenir, comme une équipe. Parce que c'est ça être une famille. »

J'ai fait le tour de la pièce du regard. Je pouvais presque lire la volonté se former sur le visage des gens. Une énorme graine avait été semée pendant cette rencontre, je me demandais bien ce qui allait germer...

Un bref rappel...

Les enfants « qui ont des problèmes » n'ont pas besoin qu'on les considère comme des « enfants problèmes ».

- -

Leurs besoins :

Que leurs frustrations soient reconnues :

« Ce n'est pas facile. Ça peut être frustrant. »

Une appréciation de ce qu'ils parviennent à faire, même si ce n'est pas parfait :

« Tu y es encore mieux arrivé cette fois-ci. »

De l'aide pour se concentrer sur les solutions :

« C'est difficile. Que fais-tu dans un cas comme celui-ci ? »

Les témoignages

Les graines ont germé. L'imagination de tous les participants avait été stimulée par l'idée même que nous, parents, avions le pouvoir d'aider nos enfants à se libérer de la prison de leurs rôles rigides. Soudain, il n'y avait plus de limites à ce qu'un enfant pouvait devenir. Les membres du groupe ont raconté qu'à partir du moment où ils avaient pris consciemment la décision de regarder leurs enfants avec des yeux neufs, des événements invraisemblables sont arrivés chez eux :

> Depuis son plus jeune âge, Claudia était une petite fille « organisée ». C'était ce genre d'enfant qui, sans que personne ne le lui dise, prenait ses cubes et les rangeait par taille, rien que ça. Par contre Gretchen avait toujours été « tête en l'air ». Elle ne rangeait rien et ne savait jamais

où trouver ses affaires. Cette fin de semaine, j'ai réalisé que mon garde-manger était dans un état lamentable, j'ai failli dire sans réfléchir : « Viens donc Claudia, tu es mon organisatrice. Voici un travail pour toi. » Mais je ne l'ai pas fait. Je suis plutôt allée voir Gretchen en disant : « Gretchen, je ne peux plus supporter ça. Il faut que nous fassions quelque chose avec ce garde-manger. Peux-tu m'aider ? »

Elle a dit : « D'accord », puis elle a tout sorti du garde-manger : boîtes, sacs, ustensiles, pots en verre et conserves. J'étais tellement inquiète que j'ai pensé : « Elle ne va jamais ranger tout ce désordre et je vais devoir le faire moi-même. »

Non seulement cette enfant n'a pas lâché, mais elle n'a pas arrêté avant que chaque étagère ait été frottée et que tout soit parfaitement rangé. Elle a même trouvé un tiroir où mettre mes sacs d'épicerie. Au bout du compte, j'avais plus d'espace de rangement qu'avant.

Vous vous rendez compte ? Ma « sotte petite fille désorganisée et tête en l'air » (je plaisante) a fait ce travail extraordinaire !

* * *

Nous pensions faire une grande faveur à Raphaël en lui disant constamment qu'il était un « grand garçon ». C'était maman, papa, notre « grand garçon » et bébé. Suite à la dernière rencontre, Katia et moi avons longuement discuté du sujet. Nous privions Raphaël de son côté bébé. Quand la petite se mettait à ramper par exemple, nous disions : « Hé, regardez-la faire ! » et nous applaudissions son exploit. Par contre, quand Raphaël se mettait à ramper derrière elle, nous l'arrêtions en lui disant qu'un grand garçon ne pouvait pas se comporter de cette façon-là.

Nous avons donc commencé une campagne : fini le « grand garçon » et le « bébé ». Maintenant, c'est Raphaël et Juliette. Je pense que ça aide. Hier, Juliette était sur l'un de mes genoux et Raphaël était perché sur l'autre. Il a commencé à se balancer en disant: « Je suis un Super Bébé! » Puis, il m'a regardé pour voir ma réaction. J'ai souri en m'adressant à lui : « Bonjour Super Bébé! » Depuis ce moment-là, son jeu favori est de s'asseoir sur mes genoux et de jouer au Super Bébé qui sort de l'hôpital et qui sait déjà marcher, parler, courir et nager.

* * *

VOICI MA PREMIÈRE TENTATIVE d'aider Julien (l'intimidateur) et Nicolas (le faible) à se percevoir différemment.

J'entendais des bruits qui ne me plaisaient pas dans la chambre. Je suis allée vérifier et j'ai découvert Julien, souriant, assis sur Nicolas, cloué au sol. J'étais sur le point de crier : « Julien, descends! En vitesse gros lourdaud, avant de le tuer! » Et puis, ça m'est revenu.

MOI :	(*Essayant d'utiliser un ton désinvolte.*) Chouette Nicolas, c'est bien d'avoir un frère qui peut t'apprendre à te bagarrer sans trop de brutalité. (*Julien est stupéfait.*)
MOI :	Et Nicolas, c'est bien que tu sois assez fort pour le supporter. (*Maintenant, c'est au tour de Nicolas d'avoir l'air étonné.*)

J'ai quitté la pièce en faisant une prière.

Pendant les quelques minutes qui ont suivi, j'ai entendu des BANG et des BOUM mais pas de hurlements. Puis, Nicolas est arrivé à la cuisine en pleurs suivi de près par Julien.

NICOLAS :	Il m'a fait mal!
MOI :	(*ne sachant pas trop quoi faire pour aider*) Dis-le à Julien. Il saura alors comment ne pas utiliser trop de force.
NICOLAS :	Je lui ai dit.

MOI :	Dis-le lui encore. Dis-lui que tu ne joueras pas à la bagarre s'il ne t'écoute pas. *Il doit s'adoucir quand tu lui dis que ça fait mal.* Julien n'est pas idiot. Il peut le comprendre.

Ils se sont regardés et ils sont retournés dans la chambre en courant. Quelques secondes plus tard, j'ai entendu un cri perçant. J'ai couru vers la chambre. Juste avant d'arriver à la porte j'ai entendu...

JULIEN :	Je suis désolé! Frappe-moi encore. Ouille! Pas aussi fort. Allez, je vais te montrer comment faire une prise au niveau des bras.

Encore des bruits sourds et puis un grand FRACAS!

J'ai ouvert la porte. La bibliothèque était renversée, tous les jeux et les livres étaient éparpillés sur le sol.

MOI :	Là, je suis fâchée!! *Vous deux*, vous avez un gros problème! Ne réapparaissez pas avant d'avoir complètement rangé cette pièce!

Ils ont sottement rigolé d'un petit rire coupable et se sont mis à ramasser les livres. Pour la première fois, ils étaient dans la même équipe, complices de leur méfait.

J'ai quitté la pièce, les sourcils froncés, mais intérieurement, j'étais tout sourire!

À partir du moment où les parents se sont rendu compte que leurs mots et leurs attitudes pouvaient enfermer un enfant dans un rôle, ils sont aussi devenus plus vigilants à saisir ce que les frères et sœurs se disent entre eux. Auparavant, ils auraient peut-être ignoré qu'un enfant en catégorisait un autre, désormais ils refusaient de laisser passer cela. Voici des dialogues, extraits de témoignages écrits.

BILLY :	*(Il s'adresse à moi en présence de son frère Roy.)* Je ne suis pas comme Roy. Il est timide. Moi je dis bonjour aux gens.

LA MÈRE :   Tu as l'air de te sentir bien d'être capable de dire bonjour aux gens. Quand Roy décidera qu'il veut dire bonjour, il le fera lui aussi.

* * *

ALEX :   Maman, Zacharie est tellement difficile. Il n'essaie même pas de goûter au thon.

MAMAN :   Zach sait ce qu'il aime. Il essayera quand il se sentira prêt.

* * *

PHILIPPE :   (*à sa petite sœur*) Méchante fille !

LE PÈRE :   Hé, je n'aime pas entendre un de mes enfants se faire dire qu'il est « méchant ». Si tu ne veux pas qu'Ariane mordille ton ourson, donne-lui plutôt un anneau de dentition.

* * *

KARINE :   Mam, j'ai perdu mon argent pour la cantine.

SA SŒUR :   Encore ?

KARINE :   Ce n'est pas de ma faute. J'avais un trou dans ma poche.

SA SŒUR :   Tu es tellement négligente.

LA MÈRE :   Je ne te vois pas ainsi, Karine. Je pense que tu as tout simplement besoin de trouver un endroit sûr où mettre ton argent.

Enfin, les parents ont réalisé que peu importe l'enfant, le fait de le mettre dans un rôle négatif est susceptible de faire du tort aux relations entre tous les enfants. Ils ont donc redoublé d'efforts pour mettre en lumière le côté positif de chacun et le côté positif de leurs relations dans la famille.

Rachel, ma plus jeune fille, a toujours été plutôt collante et ça s'est accentué depuis que sa mère et moi sommes divorcés. Ses sœurs n'aident pas à la situation en l'appelant « bébé casse-pieds » et la « peste ».

Je me demandais quoi faire pour changer la situation quand je me suis soudainement souvenu d'un exercice que j'avais fait en classe de relations humaines au collège. Ça s'appelait « Le bombardement de nos forces ». Chacun de nous devait écrire trois choses qu'on appréciait au sujet des autres étudiants. Je n'oublierai jamais le sentiment extraordinaire que j'ai vécu à la lecture de la liste écrite par les autres à mon sujet.

Donc, au cours de leur visite chez moi, la fin de semaine[14] suivante, j'ai demandé aux filles de prendre des coussins et de s'asseoir par terre, dans la salle de séjour. Et puis, je leur ai expliqué que nous allions faire quelque chose de spécial pendant notre soirée. Chacun de nous allait dire trois choses que nous aimions au sujet des autres. J'écrirais le tout sur des feuilles séparées pour chacune. Je leur ai dit que nous allions tous commencer par Rachel.

Ariane a dit : « Rachel est gentille. » J'ai précisé : « L'idée, c'est de dire quelque chose de spécial que vous aimez à propos de Rachel. » Ariane a trouvé : « J'aime quand Rachel vient me voir en riant et me raconte quelque chose de comique qu'elle a vu dans une émission de télé. » Rachel s'est mise à rire. J'ai ajouté : « Une autre.

– J'aime sa façon de me demander de lui lire une histoire. »

J'ai continué à recueillir six autres commentaires au sujet de Rachel. Nous avons ensuite fait de même avec les autres filles. Les commentaires étaient de plus en plus précis. Elles ont dit des choses du genre :

---

14. Utilisé au Canada pour éviter l'anglicisme *week-end*.

ÉMILIE :   J'aime l'imagination d'Ariane quand elle joue aux poupées et leur fait dire des phrases touchantes.

ARIANE :   J'aime la politesse d'Émilie quand elle dit : « Veux-tu me donner les pommes de terre, s'il te plaît. »

RACHEL :   J'aime lorsqu'Émilie vient dans ma chambre quand je me sens mal et qu'elle dit : « Quelque chose ne va pas Rachel ? » et me prend dans ses bras.

Plus nous continuions, plus elles étaient enthousiastes les unes par rapport aux autres. Puis Ariane a demandé : « Est-ce qu'on peut aussi dire des choses sur nous-mêmes ?

– Certainement », ai-je dit.

J'ai donc rajouté des items sur chaque liste.

ARIANE :   Quand un chat perdu a peur, je peux lui parler doucement et l'apaiser.

ÉMILIE :   J'aime ma façon de montrer de nouveaux jeux à Rachel.

RACHEL :   J'aime comment je me coiffe les cheveux.

Personne ne s'en est pris à Rachel pendant le reste de la fin de semaine et j'ai remarqué qu'avant de partir, elles s'étaient toutes assurées de mettre leur liste dans leur sac à dos.

* * *

QUAND JONATHAN (4 ANS ET DEMI) était bébé, nous avons découvert qu'il était atteint d'une forme de paralysie cérébrale (ataxie). Nous savions qu'il nous faudrait tous nous adapter à cela. Curieusement, une des choses que nous avons trouvée le plus difficile, a été d'abandonner nos activités en plein air. Jusqu'à ce moment-là, nous étions une famille athlétique. William et moi adorions faire des randonnées et Josée, ma fille de 8 ans, est une athlète accomplie. Sa coordination et son équilibre sont remarquables. Elle fait du patinage, du tennis, de la natation et c'est la coureuse la plus rapide de son école. Josée nous suppliait, ma femme et moi, de l'amener patiner les fins de semaine. Habituellement, l'un de nous deux y allait, par contre ça voulait dire qu'il fallait que l'autre reste à la maison avec Jonathan. Nous avons essayé de faire comprendre à Josée que son frère ne pouvait pas faire d'activités sportives régulièrement. Mais elle se plaignait constamment qu'il « gâchait tout ».

Lors de la dernière rencontre, j'ai finalement compris que je ne rendais service ni à l'un ni à l'autre en mettant l'accent sur les limites de Jonathan et en demandant à Josée de comprendre que son frère n'était pas normal. Samedi matin, nous avons eu une réunion de famille. J'ai annoncé à tous qu'à partir de maintenant, nous allions créer ce qui serait pour nous une nouvelle façon de fonctionner « normalement ». Désormais, notre vie serait différente de celle des autres familles mais ce serait *notre* vie normale à nous. Chaque membre de la famille serait accepté tel quel, totalement, inconditionnellement. Chaque personne prendrait part ou ne prendrait pas part à nos projets, nos sorties ou nos sports en famille selon son souhait ou à la mesure de ses capacités. Puis, nous nous sommes tous préparés pour aller patiner.

Josée a sauté la première sur la patinoire. Elle patinait aussi vite que le vent et oh! avec tant de grâce. Puis, Jonathan est arrivé à son tour, équipé de patins de location, d'un casque de protection, d'un oreiller attaché devant, un autre derrière (le tout solidement fixé avec la ceinture de papa) et deux adultes qui le tenaient de chaque côté.

Il nous a fallu 15 minutes pour faire le tour de la piste avec lui, mais il était tout excité. Josée est passée une vingtaine de fois à toute allure près de nous en lançant à chaque fois des encouragements à son frère. En sortant de la patinoire, Jonathan a déclaré avec un large sourire : « Dites, je parie que vous ne saviez pas que je savais aussi bien patiner! »

CHAPITRE VI

Quand les enfants se disputent

Intervenir pour les aider

Enfin, le thème des disputes. « Vraiment, c'est le thème que nous allons aborder ce soir ?, a demandé une femme. On ne le reporte plus ? Parce qu'à vrai dire, j'attends ce moment depuis notre première rencontre.

– Ne me dites pas que vos enfants se disputent encore ! », ai-je dit en feignant l'horreur.

Elle n'était pas d'humeur à blaguer. « Pas aussi souvent qu'avant, a-t-elle poursuivi avec sérieux. Je fais beaucoup de choses différemment et ils s'entendent réellement mieux. Mais lorsqu'ils se disputent, je me sens en difficulté et me demande encore quoi faire.»

« Qu'est-ce qu'on dit habituellement de faire lorsque les enfants se disputent ? », ai-je demandé au groupe.

« Rester en dehors de leurs chamailleries, ont répondu plusieurs personnes presque à l'unisson.

– Mais encore ?

– Les laisser résoudre ça entre eux.

– Pourquoi ?

– Parce que lorsque vous commencez à interférer, les enfants vous demanderont constamment de vous impliquer dans leurs disputes.

– Et si on règle toujours à leur place, ils n'apprendront jamais à le faire entre eux.

– Vous semblez donc tous penser que c'est une bonne idée d'ignorer leurs chamailleries autant que possible et de vous dire que les enfants sont en train d'apprendre à gérer leurs différends. »

La première femme qui était intervenue n'était pas satisfaite de mon résumé de la situation. « Je ne parle pas de petites querelles, a-t-elle renchéri. Je parle de hurlements, de jurons et d'objets lancés. Je ne peux pas ignorer ce genre de choses.

– C'est précisément le sujet de notre discussion de ce soir, ai-je dit, comment intervenir utilement dans les disputes des enfants lorsque nous sentons qu'il est de notre devoir d'intervenir. Mais avant cela, je pense que c'est important de prendre un moment pour nous demander ce qui motive ces disputes, s'il y a des raisons que nous n'aurions pas encore invoquées. »

Je venais de poser la question à un groupe d'experts. Une succession rapide de réponses à ma question s'est aussitôt enclenchée :

« Ma fille revendique son droit de propriété, tout ce qu'elle a lui appartient. Et tout ce que ses frères ont *devrait* lui appartenir.

– Les miens ont des disputes de territoire… Papaaaaa, il a mis son pied dans ma chambre!

– Je me rappelle que je me disputais avec ma sœur parce que je voulais que mon père soit de mon côté, pour prouver qu'il m'aimait davantage.

– Ceci peut vous sembler très bizarre, mais je pense que les frères et sœurs de sexes opposés vont parfois utiliser la querelle comme moyen de gérer des attraits sexuels possibles entre eux. C'est une façon de maintenir une distance sécuritaire. »

Plusieurs personnes ont levé les sourcils, mais personne n'a exprimé de désaccord. La liste a continué à s'allonger :

« Parfois, les enfants commencent une dispute parce qu'ils sont mécontents d'eux-mêmes et n'ont personne sur qui reporter le blâme.

– Ou parfois, ils sont fâchés contre un ami et ne peuvent pas le frapper, alors ils frappent un frère.

– Ou parce qu'un enseignant les a grondés.

– Ou parce qu'ils n'ont rien de mieux à faire. C'est le cas de mon fils et sa petite sœur. Il se sert d'elle pour passer son ennui. Il lui dit : "Sais-tu que tes jambes vont se détacher?... Sais-tu que tu étais un chiot lorsque tu es née?"

– Mon fils met en rage son petit frère pour se sentir fort. Un jour, alors qu'il harcelait son frère, j'ai dit sur un ton un peu sarcastique : "Dis donc, ça te plaît d'harceler ton frère?" Et puis il a répondu : "Ouais! Ça me donne des forces. J'en ai besoin pour ma partie de soccer[15]."

– Mes enfants se disputent parce qu'ils adorent me voir leur faire une scène. Deux minutes après les avoir mis au lit, j'entends : "Mannnnn! Il est dans ma chambre". Je monte l'escalier en criant : "Qu'est-ce qui se passe? Arrêtez ça! Arrêtez! Mais allez-vous arrêter!" Il a fallu que ça arrive pendant plusieurs semaines avant que je découvre le pot aux roses. Ils ont finalement admis qu'ils frappaient contre le mur entre eux pour simuler la dispute. Tout était planifié pour me faire remonter six fois chaque soir. Ils trouvaient cela super bien!»

Quelques rires, grognements et soupirs se sont fait entendre.

« Il n'y a rien de drôle à ça chez moi, a commenté la femme qui avait lancé la discussion. Certaines choses que font mes fils m'effraient à mort. L'autre jour, ils se lançaient de lourds cubes de bois à la tête. Après avoir interrompu la dispute et les

---

15. Nom du football européen en Amérique du Nord.

avoir envoyés dans leur chambre, j'ai eu si mal à la tête que j'ai dû me reposer. Puis pendant que j'étais allongée sur le lit, un linge humide sur le front, je les ai entendus éclater de rire et recommencer à jouer ensemble. J'ai pensé : "Bien, bon point pour eux, je suis contente qu'ils aient surmonté ce différend. Moi, j'ai une migraine!"

– Il y a de quoi faire pour prévenir de tels maux de tête, ai-je dit. Et si on commençait par étudier nos réactions habituelles face aux disputes des enfants. »

J'ai demandé deux volontaires, l'un serait un grand frère et l'autre sa petite sœur.

« Moi », a dit un homme en quittant son siège.

« Et moi, a dit une femme en s'avançant. Je suis encore la petite sœur dans ma famille. »

Je me suis d'abord adressée au « grand frère » : « Tu as environ 8 ans. La matinée est longue et pluvieuse, et tu cherches quelque chose pour te distraire. Tout à coup, tes yeux se posent avec grand plaisir sur tes vieux cubes et un ensemble de petits animaux. (Je lui donne un sac rempli de cubes et un autre plein d'animaux en plastique.) C'est surtout des trucs pour les petits, mais tu as une idée! Tu vas bâtir un parc zoologique, ou peut-être une jungle pour les singes et un bassin pour les phoques… Il y a beaucoup de possibilités. »

L'homme qui joue le rôle du grand frère s'assied par terre et commence à organiser ses animaux et à ériger une structure. Pendant qu'il est occupé à sa construction, je prends « petite sœur » à part et lui chuchote ce qui suit : « Ce matin, tu n'as rien à faire toi non plus. Tu n'as pas joué avec ces cubes ennuyeux depuis très longtemps, mais lorsque tu vois ton frère qui semble s'amuser autant, tu t'installes à côté de lui et tu lui dis : "Je veux jouer moi aussi." »

Je suis retournée m'asseoir à ma place. Nous étions tous dans l'attente de ce qui allait se passer.

Les feux d'artifice ont presque aussitôt commencé :

LA SŒUR : Je veux jouer moi aussi.

LE FRÈRE : Non, je construis un zoo et je veux le faire tout seul.

LA SŒUR : (*attrapant le zèbre et deux cubes*) Je peux jouer si je veux moi aussi.

LE FRÈRE : Non. Donne-les moi!

LA SŒUR : Si je peux. C'est à moi!

LE FRÈRE : Je les avais en premier!

LA SŒUR : Je peux les prendre si je veux. Papa me les a donnés à moi.

LE FRÈRE : (*Il lui attrape la main, la forçant à s'ouvrir.*) Donne-les moi!

LA SŒUR : Aïe! Tu me fais mal!

LE FRÈRE : Je t'ai dit de me les donner.

LA SŒUR : Mamaaaan, il me fait mal! Dis-lui d'arrêter! Maaammm!

Je me retourne vers les parents. « Que faites-vous d'habitude dans ces circonstances? Sans vous censurer, dites-moi seulement la première chose qui vous vient à l'esprit.

– Je courrais leur dire d'arrêter.

– J'enlèverais les jouets et les enverrais tous les deux dans leur chambre.

– Je leur dirais qu'ils se comportent comme des animaux.

– J'essaierais de les convaincre de jouer gentiment et de partager.

– Je voudrais aller à la source du problème et tenterais de savoir qui a commencé.

– Je soutiendrais le plus grand. C'est lui qui avait le jeu en premier.

– Je défendrais la plus jeune et dirais au plus grand d'aller chercher un autre jeu.

– Je leur dirais que leurs disputes me rendent malade.

– Je leur dirais que ça ne m'intéresse pas de savoir qui a commencé, je voudrais juste que ça cesse. »

J'ai dit : « Nous avons une occasion en or. J'aimerais que vous répétiez ce que vous venez de dire à ces "prétendus enfants" pour qu'ils vous disent ensuite comment vos mots les touchent. »

L'un après l'autre, chaque père ou chaque mère s'est approché du frère et de la sœur et chacun a fait son petit « discours » pour les arrêter. Après chaque intervention, les « enfants » ont exprimé leurs réactions. Voici ce qui s'est passé, sous forme de bandes dessinées (ici vous voyez le même papa essayer les différentes approches les unes après les autres) :

Des interventions qui n'aident pas à dénouer le conflit

Des interventions qui n'aident pas à dénouer le conflit

À l'issue de l'exercice, chacun constatait péniblement que les stratégies habituelles pour faire face aux querelles des enfants menaient seulement à plus de frustration et de ressentiment entre eux.

Puis, j'ai exposé une autre approche possible pour les parents. Premièrement j'ai décrit les étapes que je planifiais de garder en tête lorsque j'interviendrais dans le conflit :

1. Commencer par reconnaître la colère que ressent chaque enfant l'un envers l'autre ;

2. Écouter la version de chaque enfant avec respect ;

3. Démontrer votre compréhension du défi que représente ce problème ;

4. Exprimer votre confiance en leur capacité de trouver une solution acceptable pour les deux ;

5. Quitter la pièce.

En utilisant les mêmes personnages, voici ce qui s'est passé lorsque j'ai tenté de mettre en action chaque étape.

Comment aider les enfants qui se disputent

Les enfants trouvent les solutions

L'exercice terminé, j'ai demandé aux « enfants » de me parler de leurs réactions face à mon intervention.

LE FRÈRE :   J'ai senti que vous me respectiez et que vous me faisiez confiance. J'ai aussi aimé quand vous avez dit que la solution devait être juste pour chacun de nous. Ça voulait dire que je ne devais pas céder.

LA SŒUR :   Je me suis sentie grande. Mais c'était une bonne idée de quitter la pièce. Si vous étiez restée, j'aurais peut-être fait une scène en me remettant à crier.

C'était maintenant au tour du groupe de me poser des questions :

« Mais admettons que les enfants n'aient pas la moindre idée de la façon de régler ça ? Mes deux enfants se fixeraient tout simplement du regard.

– Dans ce cas-là, avec désinvolture, vous pourriez faire une suggestion toute simple avant de quitter la pièce : "Vous avez peut-être envie de jouer chacun votre tour… ou bien de jouer ensemble. Parlez-en. Vous saurez."

– Oui mais s'ils essaient de trouver une solution et recommencent à se chamailler ? Qu'est-ce qu'on fait ? »

Je me suis adressée à nouveau aux « enfants imaginaires » : « En tant que mère, je vais faire quelque chose qu'un de vous deux n'aimera peut-être pas. *Je* vais décider qui aura quoi. Grand frère, tu peux continuer à construire ton zoo. Petite sœur, tu viens avec moi et me tiens compagnie. Mais ce soir, après le souper, nous aurons besoin de nous parler. Nous devons discuter des règles pour savoir quoi faire quand une personne joue à quelque chose et que l'autre personne veut y jouer aussi. »

La femme à la migraine a fait cette remarque :

« Oui, mais nous n'avons pas encore discuté de ce qu'il faut faire quand les enfants risquent de se blesser l'un l'autre.

– Nous y arrivons, ai-je dit. Vous entrez dans la pièce et trouvez votre plus jeune fils, debout sur une chaise, menaçant de lancer un petit camion métallique en direction de son frère. Et le plus vieux menace le plus jeune avec une batte de baseball.

– Voilà ce qui arriverait à mes enfants!, s'est-elle exclamée.

– Malheureusement, ai-je dit, ça *m'est arrivé* avec les miens. Les dessins que je m'apprête à vous distribuer illustrent les habiletés qui m'ont sauvé la vie et qui, ont plusieurs fois sauvé la vie de mes fils. »

Toutes les mains se sont tendues pour recevoir les copies.

Quand les enfants risquent de se blesser

1. Décrivez le danger

2. Fixez des limites

3. Séparez-les

J'ai poursuivi en disant : « Ce qui m'a plu concernant ces habiletés, c'est le sentiment de pouvoir que j'ai ressenti en les utilisant. La description forte et impérative de ce que je les voyais s'apprêter à faire les arrêtait. Ma ferme conviction « que les coups ne seraient pas permis dans ma maison » surpassait la rage qu'ils ressentaient l'un vis-à-vis de l'autre. Au bout du compte, j'ai vu qu'ils étaient reconnaissants d'avoir une mère qui se souciait assez d'eux pour les protéger l'un de l'autre.

– Vos enfants ont été chanceux, a dit un homme d'un air piteux. Mon frère jumeau m'a littéralement tyrannisé lorsque j'étais enfant. Et mes parents ne semblaient pas en être conscients. Juste sous leurs yeux dans la salle de séjour, ils pouvaient me regarder en train de me faire battre, sans toutefois réagir ou le réaliser. De leur point de vue, c'était seulement des enfants qui se battaient... Je me demandais toujours : "Comment peuvent-ils le laisser faire, sans qu'il ne soit puni? Pourquoi ne peuvent-ils pas l'arrêter?" Ils étaient grands et forts. On aurait cru qu'ils étaient capables de faire asseoir cet enfant et de lui faire savoir qu'en aucun cas, il ne pouvait m'utiliser comme sac de boxe. Mais, pour une raison quelconque, ça ne s'est jamais fait, du moins, jamais de manière à créer un effet sur lui.

– Est-ce possible, a demandé un autre homme, que vos parents ne réalisaient pas ce qui se passait? Peut-être qu'ils pensaient que vous étiez en train de vous chahuter. Pour ma part je sais qu'avec mes garçons, la ligne est parfois mince entre jouer à la lutte, se tirailler et se bagarrer pour de vrai. Et je ne sais pas toujours faire la différence.

– Si vous n'êtes pas certains, ai-je dit, c'est une bonne idée de le demander directement aux enfants : "Est-ce une bagarre pour jouer ou une vraie bagarre?" Parfois, ils répondront : "C'est une bagarre pour jouer." Et deux minutes plus tard, vous entendrez des pleurs. C'est votre indice pour retourner vers eux et dire : "Je vois que c'est devenu une vraie dispute, avec de vraies blessures et ça, je ne le permettrai pas. C'est le moment de vous séparer."

– Mais si l'un d'eux dit : "C'est une bagarre pour jouer". Et que l'autre dit : "Non, c'est une vraie bagarre! Il me fait *mal.*"

– C'est l'occasion, ai-je répondu, d'établir *une autre règle dans la maison.* "Il faut un consentement mutuel pour jouer à la bagarre." Si quelqu'un ne s'amuse pas, ça doit cesser. C'est important d'instaurer la règle qu'un enfant ne peut pas prendre de plaisir aux dépens de l'autre.

– J'aurais souhaité que ma mère et mon père aient su cela, a dit une femme. Les souvenirs les plus accablants de mon enfance sont liés à mes frères qui me tiennent solidement par terre et me font ce qu'ils appelaient la "torture de la chatouille". Ils me faisaient rire jusqu'à ce que je sois à bout de souffle. Et mes parents les laissaient faire. Ils pensaient que tout le monde s'amusait. Aucun des deux n'a pensé à me demander comment je me sentais.»

Un autre père est intervenu en disant : « Je suis un peu confus, au début de cette rencontre, nous avions convenu qu'il était important de rester en dehors des disputes des enfants. Et tout ce que j'entends, c'est qu'on devrait intervenir. J'ai l'impression de recevoir des messages contradictoires.

– Les deux messages sont importants, ai-je dit. Les enfants devraient avoir l'opportunité de résoudre eux-mêmes leurs différends. Les enfants sont aussi en droit d'obtenir l'aide d'adultes lorsque c'est nécessaire. Si un enfant est agressé par d'autres, que ce soit physiquement ou verbalement, nous devons intervenir. Si un problème récurrent ne trouve pas de solution, nous devons intervenir.

Mais voici la différence : nous intervenons, non pas pour arrêter l'échange d'arguments ou bien pour se présenter en tant que juge mais bien pour ouvrir la communication, afin qu'éventuellement, ils puissent communiquer l'un avec l'autre.

– Mais s'ils n'y arrivent pas? a-t-il demandé.

– C'est possible, ai-je répondu, certains problèmes sont tellement lourds émotionnellement que les enfants sont incapables de les régler eux-mêmes. Ils auront besoin de la présence d'un adulte impartial. Et c'est le sujet de notre rencontre de la semaine prochaine, comment aider nos enfants lorsqu'ils sont en grande difficulté. En attendant, vous avez beaucoup de nouvelles habiletés à mettre en pratique et je suis certaine que vos enfants vous donneront beaucoup d'occasions de les pratiquer.

– Attendez, vous allez voir, a dit une femme. Cette semaine, ils ne se disputeront pas, juste pour me contrarier.»

Son mari s'est penché vers elle, avec un petit tapotement rassurant, il a dit : « Tu peux compter sur nos enfants, ma chérie.»

Un bref rappel...

Comment régler les disputes

Niveau I : Chamailleries normales

1. Pensez à vos prochaines vacances.

2. Dites-vous que vos enfants font une expérience importante en matière de résolution de problèmes.

Niveau II : La situation se dégrade. L'intervention d'un adulte pourrait être utile

1. **Reconnaissez leur colère.**

« Vous avez l'air furieux l'un contre l'autre!»

2. **Reflétez le point de vue de chacun des enfants.**

« Ainsi, Sara, tu veux continuer à tenir le chiot, parce qu'il vient juste de s'installer dans tes bras... Et toi, Benoît, tu trouves que tu as toi aussi le droit d'avoir ton tour.»

(continuez)

Un bref rappel... (suite)

3. Décrivez le problème avec respect.

« C'est une situation difficile. Deux enfants, mais seulement un petit chien. »

4. Manifestez votre confiance dans la capacité des enfants à trouver une solution qui leur convient mutuellement.

« Je vous fais confiance pour trouver une solution qui sera équitable pour chacun de vous... et juste pour le chien. »

5. Quittez la pièce.

Niveau III : Situation qui pourrait devenir dangereuse

1. Informez-vous.

« Est-ce une bagarre pour jouer ou une vraie bagarre ? » (Les bagarres pour jouer sont permises. Les vraies bagarres ne le sont pas.)

2. Rappelez-leur la règle.

« On peut jouer à se battre si tout le monde est d'accord. » (Si ça n'amuse plus l'un des deux, ça doit cesser.)

3. Si le jeu est trop rude selon vous...

« Vous êtes peut-être en train de jouer, mais je trouve ça trop rude. Vous devez trouver une autre activité. »

Niveau IV : Situation définitivement dangereuse ! Intervention indispensable de la part d'un adulte

1. Décrivez ce qui se passe.

« Vous êtes tous les deux très en colère l'un contre l'autre ! »

2. Séparez les enfants.

« Ce n'est plus prudent d'être ensemble. Vous avez besoin d'un moment de calme. Vite, toi dans ta chambre, et toi dans la tienne ! »

Intervenir sans prendre parti

Le « décollage » a été difficile lors de la rencontre suivante. Certaines personnes ne pouvaient attendre de raconter comment elles avaient réagi différemment aux disputes entre leurs enfants. D'autres voulaient continuer la discussion là où nous l'avions laissée la semaine précédente.

Les tensions se faisaient sentir entre les camps opposés.

En souriant, un père a hurlé :

« La dispute ! La dispute ! »

Un autre a frappé à grands coups sur le bureau en criant :

« Je veux la parole… Je veux la parole… *Maintenant!* »

Je suis entrée dans le jeu.

« Certains d'entre vous ne pouvez attendre de raconter aux autres comment vous avez utilisé vos nouvelles habiletés avec adresse durant la dernière semaine.

– C'est ça, a-t-il crié.

– Et certains, ai-je dit en me tournant vers les autres, sont impatients de poursuivre pour en apprendre davantage. Vous ne voulez pas entendre les histoires. Vous voulez encore plus d'informations pour savoir quoi faire lors des disputes ! »

Une chœur de « Ouais ! » et de rires m'a répondu. J'ai alors demandé :

« Que faire ? »

Avec complaisance, il y a eu consensus ; nous devions agir comme des « adultes » et remettre à plus tard la partie gratifiante de notre rencontre. Nous allions nous attaquer aux grosses difficultés en premier et garder 20 minutes à la fin pour les témoignages.

J'ai introduit la suite en disant : « La semaine dernière, nous avons convenu que certains enfants rencontrent des problèmes trop difficiles pour les résoudre entre eux. Pourtant, notre tendance en tant qu'adultes, c'est de prendre les disputes entre les enfants à la légère, les écarter comme étant des "enfantillages" et espérer qu'elles s'évanouiront d'une façon ou d'une autre. Mais nous devons être conscients qu'il y a des problèmes entre frères et sœurs qui ne "s'évanouissent" pas comme par enchantement. Pour des enfants en particulier, ils persistent et deviennent une source importante de stress et de préoccupation.

Comment ai-je fait pour le savoir ? Eh bien, j'ai interrogé des jeunes, ils m'ont clairement dit que des actes posés par leurs frères et sœurs les rendaient malheureux. »

J'ai pris mon cahier de notes et j'ai cherché à la page où j'avais rassemblé leurs commentaires. « Voici, mot pour mot, quelques témoignages partagés par ces enfants :

– Ma grande sœur crie tout le temps après moi comme si elle était ma mère ;

– Mon frère reste toujours à ne rien faire pendant que c'est moi qui fais tout le travail. Il dit que c'est à moi de tout faire parce que je suis une fille ;

– Mon frère dit que je chante mal et ne me laisse jamais chanter dans la maison ;

– Ma sœur me taquine jusqu'à ce que je la frappe. Ensuite, je suis dans le pétrin ;

– Mon frère est méchant avec mes animaux de compagnie. Il prend mes gerbilles par la queue et les laisse tomber par terre ;

– Quand mes parents sortent, mon frère me donne des ordres et me fait mal si je ne fais pas ce qu'il veut. »

« Lorsque j'ai demandé à ces enfants s'ils avaient déjà essayé de parler de ce qui les dérangeait à leurs parents, la réponse, à chaque fois était soit :

– Ils ne m'écoutent pas, ou ;

– Ils disent que j'en fais tout un drame, ou ;

– Ils pensent que je dois régler ça avec mon frère. »

J'ai déposé mon cahier puis j'ai levé le regard sur des visages très inquiets.

Une longue discussion a suivi. Nous nous sommes posé des questions difficiles : « Comment dépasser notre résistance initiale à prendre ces enfants au sérieux ? » « Comment leur prêter une oreille attentive pour les guider vers une écoute mutuelle ? »

Nous nous sommes finalement entendus sur une marche à suivre (nous avons utilisé l'exemple de la petite fille qui se plaignait que son frère lui donnait des ordres et lui faisait mal quand ses parents n'étaient pas à la maison) :

Aider les enfants à résoudre un problème difficile

1. Convoquer une rencontre des partis concernés et expliquer le but de cette rencontre.

« Une situation est source de tristesse dans notre famille. Il faut trouver comment aider chaque membre de la famille à se sentir mieux. »

2. Expliquer les règles de base à chacun.

« On organise cette rencontre parce que quelque chose dérange Camille. On va d'abord écouter Camille, sans l'interrompre. Lorsqu'elle aura terminé, on veut savoir comment toi, Yanis, tu vois les choses. »

3. Écrire les sentiments et préoccupations de chaque enfant, et les lire aux enfants à haute voix pour vous assurer que vous les avez bien compris.

« Camille a peur lorsque nous sortons. Elle dit que Yanis est méchant avec elle. La dernière fois, il a éteint la télé, l'a tirée brusquement du canapé et lui a fait mal au bras. »

« Yanis dit qu'il a seulement éteint la télé parce que Camille la regardait depuis trop longtemps et qu'elle ne voulait pas l'écouter. Selon lui, il a tiré doucement sur son bras, c'est impossible qu'il l'ait blessée. »

4. Donner du temps à chacun pour réfuter.

CAMILLE :   Tu m'as fait vraiment très mal, j'ai une marque noire et bleue pour le prouver. Et il ne restait que 5 minutes avant que mon émission se termine !

YANIS :   C'est une vieille marque que tu as. Et l'émission commençait seulement.

5. Inviter tout le monde à suggérer toutes les solutions possibles. Écrire toutes les idées sans les évaluer. Laisser les enfants commencer.

YANIS :   Camille devrait m'écouter parce que je suis l'aîné.

CAMILLE :   Yanis ne devrait pas avoir le droit de commander ou de me faire mal.

LA MAMAN :   Embaucher une gardienne[16].

YANIS :   M'autoriser à sortir.

CAMILLE :   Me permettre d'inviter une amie.

YANIS :   Avant le départ de papa et maman, établir l'horaire de télé et du coucher.

CAMILLE :   Les personnes devraient être leur propre patron et décider pour elles-mêmes.

6. Choisir les solutions acceptables pour tous.

Pas de gardienne.

Pas de blessure.

---

16. Utilisé au Canada pour éviter l'anglicisme *baby-sitter*.

Pas de patron.

Horaire de télé à négocier à l'avance avec les parents.

Chaque personne est responsable d'elle-même.

7. Suivi

« Nous allons nous réunir dimanche prochain pour vérifier si nous sommes satisfaits des résultats. »

* * *

PENDANT TOUTE LA DURÉE de notre discussion, un homme avait le regard sombre et il marmonnait. Quand notre tâche a été terminée, je lui ai indiqué qu'il avait toute la place maintenant.

« En ce qui me concerne, a-t-il annoncé, tout ce "modèle" est trop "gentiment gentil". Si mon fils avait fait cela à ma fille, il ne s'en sortirait pas aussi facilement. Je lui dirais, et pas à peu près : "Si je viens à savoir encore une fois que tu as levé ne serait-ce qu'un doigt sur ta sœur, tu vas avoir affaire à moi fiston... (Il a montré le poing.) Et ça ne sera pas une partie de plaisir !" »

Quelques personnes étaient du même avis :

« Bravo !... Il faut le dire !... Soyons durs ! »

Puis, la réaction opposée ne s'est pas fait attendre :

« *Vous* vous sentiriez peut-être mieux, mais ça risquerait de mettre votre fille plus en danger face à votre fils. Parce qu'il trouverait un moyen de se venger sur elle.

– De plus, qu'est-ce que vous lui enseigneriez ? Il apprendrait à dépendre de son père pour son autodiscipline plutôt qu'à compter sur lui-même.

– Et pourquoi êtes-vous prêt à prendre pour acquis ce que dit votre fille plutôt que ce que dit votre fils ? Peut-être que c'est *elle* qui ment. »

L'homme a ouvert la bouche pour répliquer, y a repensé et s'est calmé.

Un autre père s'est rallié à sa cause. « Je ne comprends pas pourquoi chaque conflit entre les enfants devrait nécessiter une longue session de résolution de problème. Selon moi, à un moment donné, les parents doivent prendre les choses en main et régler la situation, même si ça veut dire prendre parti.

— Quand exactement ?, ai-je demandé.

— Quand un enfant est complètement déraisonnable, a-t-il expliqué.

— Par exemple ?

— Eh bien, dimanche dernier, nous étions tous en train de nous préparer pour une excursion à vélo. J'ai entendu mon fils qui implorait sa sœur de lui prêter son sac à dos. Elle a catégoriquement refusé, pensant qu'il allait l' *"abîmer"*. Abîmer ce sac ? C'était une plaisanterie. Cette chose est prête à aller à la poubelle, c'est justement pour ça que nous lui en avons acheté un autre. J'étais tellement en colère, j'ai hurlé : "Donne ce sac à dos à ton frère, *tout de suite!*"

— Elle l'a fait ?, ai-je demandé.

— Vous pouvez me croire, je lui ai fait comprendre que sinon, elle resterait à la maison.

— Comment a-t-elle réagi ?

— Elle a boudé pendant un moment. Et puis après… Elle a compris que dans une famille, on partage.

— Ça ne m'aurait pas appris à partager, a dit une femme indignée. J'aurais été furieuse si mon père m'avait fait ça. Les objets ne sont pas seulement des objets. Ils font partie de nous, ils sont reliés à des souvenirs. J'ai un vieux chandail miteux dans mon armoire, je ne l'ai pas porté depuis des années, mais je ne le prêterais pas à qui que ce soit et surtout pas à ma sœur. Si j'avais été la mère dans votre maison, j'aurais définitivement pris parti pour votre fille.

– Nous avons donc deux points de vue opposés, ai-je souligné :

1. Prendre parti pour l'enfant propriétaire du sac à dos.
2. Prendre parti pour l'enfant qui a besoin du sac à dos. »

J'ai distribué le matériel que j'avais préparé pour notre rencontre en expliquant ce qui suit : « Sur la première page, la bande dessinée montre des sœurs qui se disputent, non pas pour un sac à dos, mais pour un chemisier. La page suivante montre ce qui arrive lorsque la mère prend la décision, soit en faveur de la "propriétaire" ou soit en faveur de "celle qui ne l'est pas". Et finalement, sur la dernière page, voyez ce qui arrive lorsque la mère soutient un parti en énonçant une règle ou une valeur tout en laissant aux enfants la décision finale.

Conflit de propriété

Quand la mère prend la décision finale

Décision en faveur de la propriétaire

Décision en faveur de celle qui n'est pas propriétaire

Quand la mère soutient l'une des deux
mais laisse aux enfants la décision finale

J'ai attendu quelques minutes, le temps de laisser les participants regarder les bandes dessinées. Je me suis ensuite adressée au père qui avait forcé sa fille à prêter son sac à dos.

« Qu'en pensez-vous ? », ai-je demandé.

Il hésitait.

« Enfin, d'une certaine manière, la mère a pris parti. Elle a dit à l'aînée qu'elle n'était pas forcée de prêter son chemisier. En réalité, son message était : "Ne partage pas." Je ne vois pas ce qu'il y a de génial à cela. »

Deux mains se sont aussitôt levées.

« Elle n'a pas dit "de ne pas partager". Elle exposait clairement le fait que les droits de propriété doivent être respectés. Ce principe protège les deux enfants.

– Et en protégeant les droits de la fille aînée, la mère lui a même offert la possibilité de prêter son chemisier à sa sœur. »

Le père a secoué la tête de dégoût.

« Je ne vois toujours pas ce qu'il y a de si terrible à apprendre le partage aux enfants. Manifestement, je ne vois pas, a-t-il murmuré.

– Je comprends votre point de vue, ai-je dit. Et je sens que vous soulevez un point important. Les enfants devraient être encouragés à partager, et cela, pour des raisons pratiques. Histoire de s'entendre avec les autres. Dans ce monde-ci, ils auront besoin de savoir comment partager des biens, de l'espace et même leur personne. Pour des raisons spirituelles aussi, nous voulons que nos enfants expérimentent le plaisir et la bonne volonté qui accompagnent le fait de donner volontairement. Les "forcer" au partage, par contre, ne fait que les encourager à garder une emprise toujours plus forte sur leurs biens. Le partage forcé mine la bonne volonté.

Au départ, le but de cette rencontre et de toute notre série de rencontres était de chercher des moyens de favoriser les bons sentiments entre nos enfants, des façons de diminuer les disputes. Quand les parents s'en tiennent à l'attitude : "Dans cette maison, je suis celui qui décide qui partage et qui peux garder ; ce qui est raisonnable et ce qui ne l'est pas ; qui a raison et qui a tort", les enfants finissent par être dépendants de leurs parents et deviennent plus hostiles envers leurs frères et sœurs.

Ce qui soulage les tensions et rend l'harmonie possible, c'est l'attitude : "Qui a besoin de quoi?... Qui ressent quoi?... Quelles solutions pouvons-nous trouver pour que les sentiments et besoins de chacun soient pris en compte?" Nous sommes bien plus intéressés par le bien-être de chacun que par des choses de moindre importance.

Nous n'avons pas encore réponse à tout. Nous avons seulement une direction. Normalement, nous essayons de ne pas interférer. Mais lorsque nous devons intervenir, c'est toujours avec la pensée que nous voulons que les enfants puissent rapidement régler leurs conflits les uns avec les autres. C'est la meilleure préparation que nous puissions leur donner pour le restant de leurs jours. »

J'ai jeté un coup d'œil à l'horloge au fond de la pièce. Il ne restait que quelques minutes avant la fin de la rencontre, j'ai donc annoncé :

« Messieurs dames, il semblerait que nous ne nous sommes pas laissés assez de temps pour les histoires.

– Quelles histoires?, a demandé une femme. Ah oui, celles que nous devions garder pour la fin, concernant les disputes. C'est bon. Ils les garderont pour la semaine prochaine. J'ai envie de poser une question depuis un bon moment. »

D'autres mains se sont levées.

« Moi aussi. Que faites-vous quand... »

« Je me posais la question... »

Ce groupe était infatigable. Le sujet était inépuisable. La seule chose qui semblait avoir une fin, c'était mon énergie.

« S'il vous plaît, ceux d'entre vous qui avez des questions, mettez-les sur papier pendant que je range mes affaires. Je les apporterai à la maison et je vous donnerai des réponses écrites la semaine prochaine. En attendant, assurez-vous de prendre vos aide-mémoire avant votre départ. »

Un bref rappel...

Quand les enfants ne réussissent pas à trouver des solutions par eux-mêmes

1. Réunir les adversaires. Leur expliquer l'objectif et les règles de base.

2. Écrire les sentiments et les préoccupations de chaque enfant et les lire à haute voix.

3. Accorder du temps pour le droit de réponse.

4. Inviter les enfants à proposer des solutions. Écrire toutes les idées sans les évaluer.

5. Choisir les solutions qui sont acceptables pour tous.

6. Prévoir un suivi.

Un bref rappel…

Comment donner du soutien à l'enfant qui en demande, sans prendre parti

FÉLIX :   Papa, je n'arrive pas à terminer cette carte de géographie pour mon devoir. Dis-lui de me donner les crayons de couleurs.

GABRIELLE : Non. Je veux colorier mes fleurs.

1. Décrivez la situation selon le point de vue de chaque enfant.

« Bon, dites-moi si j'ai bien compris ! Félix, tu veux les crayons pour finir ton devoir. Et Gabrielle, tu veux finir ton coloriage. »

2. Exprimez vos valeurs ou la règle à suivre.

« Les devoirs, c'est prioritaire. »

3. Laissez la place à de possibles négociations.

« Mais Félix, si tu veux proposer quelque chose à ta sœur, c'est toi qui vois. »

4. Quittez la pièce.

Les questions

C'est la veille de notre dernière rencontre. Je viens de me rappeler que je devais répondre aux questions écrites laissées sur mon bureau. En feuilletant la pile de papiers, la même pensée me revient, ce sujet est vraiment inépuisable. Plus nous en savons, plus nous cherchons à en savoir. Voici les questions des participants et mes réponses :

À part ne pas forcer à partager, comment encourager nos enfants à le faire ?

1. En donnant aux enfants la charge du partage : « Les enfants, je vous ai apporté une bouteille de savon pour faire des bulles. Quelle est la meilleure façon de la partager ? » ;

2. En soulignant les avantages du partage : « Si tu lui donnes la moitié de ta craie rouge et qu'elle te donne la moitié de sa bleue, vous pourrez toutes les deux faire du violet. » ;

3. En accordant du temps au processus intérieur : « Noémie te dira lorsqu'elle sera prête à partager. » ;

4. En démontrant de l'appréciation pour le partage lorsqu'il survient spontanément : « Merci de m'avoir donné un morceau de ton biscuit, il était délicieux. » ;

5. En donnant l'exemple : « J'aimerais t'offrir un morceau de mon biscuit. »

Que faire quand vous remarquez que la plus grande « profite » du plus jeune ? Mon fils et ma fille aiment les cartes de sport à collectionner, elle garde les meilleures pour elle et donne celles qui sont usées et démodées à son frère. Est-ce que je dois dire quelque chose à ma fille ?

Quand les deux partis sont satisfaits, c'est une bonne idée de se retenir d'intervenir. La pensée que votre fils ne sera pas un « faible » pour le restant de ses jours peut vous aider. Viendra en effet le moment où il sera grand, intelligent et aussi confiant que sa sœur aînée. Il apprendra à dire et à obtenir ce qu'il veut. Après tout, il a une excellente enseignante.

Chez moi, beaucoup de disputes surviennent quand un de mes garçons en dénonce un autre. Y a-t-il un moyen de décourager ces « rapportages » ?

Ce serait utile de savoir ce qui motive le « dénonciateur ». Est-ce simplement parce qu'il désire mettre son frère dans le pétrin ? Si c'est le cas, votre colère envers le frère le récompenserait : « Quoi, ton frère a fait ça ? Dis-lui de venir ici tout de suite ! » Souhaitez-vous cela ? Mais, supposons que votre fils sent qu'il a vraiment besoin de votre aide pour le protéger des mots ou des gestes de son frère ? Que faire à ce moment-là ? Comment faites-vous pour déterminer si c'est le moment pour vous d'intervenir ou pas ?

Un père raconte que, chez lui, les « rapportages » ont pris fin lorsqu'il a arrêté de juger et de punir. Il dit avoir expliqué ses attentes à ses fils : qu'ils s'écoutent et règlent leurs différends entre eux. Il a précisé que si les efforts et la bonne volonté de chacun ne suffisaient pas, il serait toujours là pour les aider. Il a ajouté avec prudence : « Si l'un d'entre vous voyait quelqu'un faire quelque chose qui pourrait être dangereux, dites-le à Maman ou à moi, aussi rapidement que vos jambes vous le permettent. Dans cette famille, nous sommes tous responsables de la sécurité de chacun. »

Hier, mes enfants me suivaient d'une pièce à l'autre dans la maison, en criant : « C'est mon tour !... Non, c'est le mien ! » Ils semblaient vouloir m'imposer le règlement de leur dispute. Des suggestions ?

Vous pouvez tout autant insister sur votre protection personnelle. Vous pourriez leur dire : « J'entends que c'est très important pour vous deux de savoir à qui c'est le tour d'utiliser la balançoire, mais j'ai besoin de tranquillité en ce moment. Vous pouvez chercher des solutions dans votre chambre ou à l'extérieur. Pas ici ! »

Les enfants ont le droit de se disputer et vous avez le droit de protéger vos oreilles et votre système nerveux.

Que pensez-vous de l'idée de dire aux enfants de régler leur dispute en tirant au sort, en lançant une pièce ?

Le problème lorsque cette suggestion vient des parents, c'est le message sous-jacent : « Vos sentiments et idées sur le sujet ne sont pas importants. Laissez le hasard déterminer votre destin. » Un autre problème en lançant la pièce, c'est qu' un gagnant et un perdant en résultent, et habituellement, un perdant mécontent.

Le seul moment où j'ai pu utiliser le « tirage à pile ou face » avec succès, c'est lorsque toutes les autres options avaient été explorées. Si l'impasse persistait, je demandais : « Comment vous sentiriez-vous s'il fallait tirer cette affaire à pile ou face ? Pourriez-vous supporter le verdict, qu'il soit en faveur de l'un ou de l'autre ? »

Dimanche dernier, mes fils se disputaient pour aller au parc ou à la plage. Aurais-je dû proposer que nous fassions un vote ?

Voter peut engendrer des sentiments pénibles, particulièrement quand le vote devient un substitut à l'écoute des points de vue de chacun : « Bon, ne perdons plus de temps avec tous vos arguments ! Nous allons voter. Le parc ou la plage ? Quatre votes pour la plage et un vote seulement pour le parc. C'est la plage qui gagne. Allons-y tout le monde. » Pas étonnant que l'enfant qui se trouve en minorité se sente trahi par cette forme de « démocratie ».

Quand je n'arrivais pas à obtenir le consensus par le biais de la discussion et que je demandais de passer au vote (un choix entre ça et passer le reste de la journée à discuter de l'activité à faire en famille ce jour-là), je m'assurais de dire haut et fort (après la fin des applaudissements des gagnants) ce que j'imaginais être les sentiments du perdant : « Nous allons à la plage parce que c'est ce que la majorité d'entre nous a voté. Par contre, je veux que tout le monde sache qu'une personne est déçue. André avait vraiment envie d'aller au parc aujourd'hui. » Habituellement, ça arrête les « réjouissances malveillantes » et réconforte le perdant.

186 Frères et sœurs sans rivalité

***Ça me contrarie lorsque nous essayons de faire une belle
sortie avec les trois filles et qu'elles se chamaillent à n'en plus
finir. Que puis-je faire ?***

Beaucoup d'enfants, à différents moments dans leur vie,
n'apprécient plus ce qu'on fait « tous ensemble », avec leurs
frères et sœurs. Ils préfèrent les sorties séparées, les passe-temps
séparés, les activités séparées et les moments où ils peuvent être
seuls avec leur père ou leur mère. Quand ces temps de séparation
sont assez fréquents, ils peuvent même commencer à avoir de
la considération l'un pour l'autre.

***Ça m'énerve quand les enfants ont finalement fait quelque
chose de bien et qu'ils se disputent au sujet de qui a mieux
travaillé ou qui en a fait le plus. Ma fille dit : « J'ai fait toute
la vaisselle. » Mon fils dit : « Et puis quoi, j'avais nettoyé
toutes les casseroles et sorti les poubelles ! ». Que faites-vous
dans ce cas ?***

Quand les enfants veulent faire reconnaître « qui a le plus
aidé », c'est une merveilleuse opportunité pour les parents de
valider la réussite de leur coopération : « Hé, regardez cette
cuisine ! À vous deux, vous avez tout rangé. C'est ce que j'appelle
un travail d'équipe ! »

***Que faire si nous avons utilisé toutes les habiletés apprises
dans cet atelier et qu'un enfant continue à mener « la vie
dure » aux autres ?***

Si la relation entre un enfant et ses frères et sœurs semble
dominée par la haine, une intense jalousie et une compétition
sans fin ; s'il ne peut pas partager, s'il fait constamment subir
des abus physiques et verbaux à ses frères et sœurs, il serait sage
de rechercher une aide professionnelle pour aider ce jeune. Les
parents peuvent choisir entre une thérapie individuelle pour cet
enfant ou bien une thérapie familiale.

Les témoignages

J'étais nerveuse en allant à notre dernière rencontre. Au moment où allait se terminer cet atelier, j'étais envahie de doutes. Est-ce que j'avais couvert tous les sujets ? Les avais-je prévenus des dangers de prendre un enfant comme « confident » et de discuter avec lui ou elle des problèmes rencontrés avec le frère ou la sœur ? Lorsqu'on passe du temps en tête-à-tête avec un enfant, avais-je mentionné que ce n'était pas judicieux de parler des autres ? Est-ce que j'avais souligné le triste fait que certains enfants ne s'entendront jamais, peu importent les habiletés des parents ? J'aurais voulu leur dire que dans ces cas-là, l'usage des habiletés aurait au moins l'avantage de ne pas empirer la situation... Si seulement nous avions eu plus de temps...

Dans la salle, l'humeur était très différente de la mienne. Les personnes discutaient joyeusement. Ça ressemblait à la dernière journée d'école avant les vacances d'été. Il n'y avait plus de nouveaux sujets à aborder, juste du temps pour se raconter des histoires, et la chance de m'asseoir et d'écouter les récits de conflits entre frères et sœurs gérés par d'autres parents. L'humeur légère du groupe était contagieuse. Je me suis détendue.

Je me suis assise et nous avons commencé. Les histoires se sont succédé naturellement. Aussitôt qu'une personne décrivait la mise en pratique d'une habileté spécifique, très rapidement les autres décrivaient comment ils avaient utilisé cette même habileté. Par exemple, les deux premiers témoignages racontent l'expérience de parents qui pour la première fois, avaient consciemment décidé de ne pas régler les disputes de leurs enfants à leur place. Dans chacun des cas, assez étrangement, l'objet litigieux était une chaise.

> Je me sentais d'humeur généreuse, c'est pourquoi j'avais décidé d'offrir « quelque chose d'exceptionnel » aux enfants. Ils pourraient manger leur repas sur les tables pliantes dans la salle de séjour, en regardant la télé.

Ils étaient ravis. Ils ont couru attendre leurs sandwichs devant la télé. À peine étaient-ils arrivés là-bas que j'ai entendu un cri perçant. Ils se disputaient pour avoir la même chaise. Après un moment, Clément a abandonné parce que Chloé, étant plus âgée et plus forte, a obtenu de force la chaise convoitée.

Clément est revenu à la cuisine en criant et en pleurant. Il voulait que je l'accompagne pour aller réclamer la chaise à sa place. J'étais tenté d'y aller parce que Chloé réussit toujours à obtenir ce qu'elle veut, mais j'ai plutôt dit : « Clément, je vois à quel point tu es fâché, je pense que tu devrais dire à Chloé comment tu te sens. »

Il est retourné dans la salle de séjour pour l'affronter. C'était comme l'envoyer aux lions. J'ai entendu un langage tellement abusif de la part de Chloé que j'ai accouru en disant : « Pas d'injures dans cette famille ! »

Elle s'est adressée à moi : « Il est gâté ! Il a toujours cette chaise-là ! Je ne peux jamais en profiter ! »

J'ai dit : « J'entends à quel point c'est important pour vous deux. » Puis j'ai éteint la télé et j'ai annoncé : « C'est à Clément et toi de trouver une solution. » Elle a compris mon autre message : « Pas de télé avant d'avoir trouvé une solution ».

En marchant vers la cuisine, j'avais Clément en pleurs sur les talons. Je bouillonnais à l'intérieur. Tout était de la faute de Chloé. J'aurais pu la frapper. Mais, sans grand espoir, j'ai décidé de donner une autre chance au processus. J'ai dit (assez fort pour que Chloé m'entende) : « Je suis certain qu'ensemble vous pouvez trouver une solution. Si vous essayez vraiment ! »

À ce moment-là (j'osais à peine le croire) Chloé est venue en disant : « Clèm, j'ai une bonne idée. » Clément était tout excité, il a couru vers la salle de séjour avec elle. Je sais qu'ils sont ensuite allés chercher leurs sandwichs à la cuisine ensemble, comme « larrons en foire ».

Je ne sais pas comment ils ont résolu la question, mais je m'en fiche, je suis tellement fier de ne pas avoir pris parti !

* * *

C'EST MOI QUI SUIS L'ATELIER et c'est mon mari qui initie les changements, juste en lisant mes notes. Hier matin, dès que nous nous sommes assis pour le déjeuner, Billy et Roy ont commencé à se disputer pour la chaise près de la fenêtre. Comme le ton montait, mon mari a déclaré d'une voix forte : « C'est moi qui aurai cette chaise ! »

Il a donc poussé les deux garçons sur le côté et s'est assis sur la chaise. Billy s'est mis à hurler : « Je te déteste papa ! » Le repas tournait rapidement au désastre.

Puis, quelque chose s'est probablement éclairé dans la tête de mon mari. Il a dit : « Mince alors Billy, je vois à quel point tu es fâché. C'était vraiment très important pour toi de t'asseoir ici ce matin. »

Billy a crié de toutes ses forces : « OUAIS ! » et sa colère a tout simplement disparu. Alors mon mari a dit : « Je parie que Roy et toi pouvez trouver une solution qui serait juste pour vous deux. »

À notre grande surprise, ils ont commencé à élaborer un plan où Billy prendrait cette chaise au déjeuner et Roy la prendrait au dîner. En un tour de main, l'atmosphère s'était transformée et nous avons pu apprécier un agréable déjeuner ensemble.

Les enfants des participants n'ont pas tous trouvé des solutions. Mais ça ne semblait pas occasionner de problème. Juste le fait de chercher d'autres possibilités qui puissent convenir aux deux partis contribuait habituellement à calmer la tension entre les frères et sœurs.

Ma femme était au travail et moi, j'étais cloué au lit avec un gros rhume, essayant de me reposer. Pendant un certain temps, les garçons (de 4 et 6 ans) ont joué merveilleusement bien. Puis, soudainement, une dispute a éclaté. Ils ont tous deux accourus pour me raconter leur version de l'histoire.

Je me sentais trop mal pour les écouter, je leur ai donc suggéré de dessiner leur problème sur le tableau noir dans leur chambre. Et lorsqu'ils auraient fini, ils pourraient aussi dessiner ce qu'ils pensaient être une bonne solution.

Ils ont accepté l'idée. Ils ont pris une règle et ont fait un trait pour diviser le tableau en deux. Puis, ils ont entrepris de faire un dessin chacun de leur côté.

Leurs représentations terminées, ils sont venus me donner mon peignoir, m'ont fait sortir du lit pour me conduire à leur chambre afin de m'expliquer leur dessin. Évidemment, ils n'étaient plus en colère. À un moment au cours du processus, ils avaient fait la paix.

* * *

Malheureusement, mes trois adolescentes doivent partager la même chambre. C'est surtout problématique lorsqu'une amie vient en visite. Hier, elles criaient pour savoir qui devrait quitter la chambre. Elles ont toutes descendu l'escalier en trombe pour venir se plaindre, chacune espérant que j'allais prendre leur parti.

Mais cette fois-ci, je n'allais pas me faire piéger. Je leur ai dit que je m'attendais à ce qu'*elles* trouvent une solution qui serait équitable pour chacune.

Elles sont remontées et sont revenues deux minutes plus tard. Elles ont dit avoir essayé, mais que ça n'avait pas fonctionné, je *devais* régler la situation.

J'ai persisté avec ma méthode.

Moi :	Quoi? Vous n'avez essayé que pendant deux minutes, pour un problème aussi complexe? C'est une situation où trois filles partagent une chambre et chacune veut de l'intimité quand une amie vient. Vous avez sans doute besoin de plus de deux minutes pour trouver une solution.
Elles :	Voyons papa, dis-nous juste quoi faire.
Moi :	Pensez-y encore.

ELLES :   Ça prend trop de temps!

MOI :   Trop de temps? Avez-vous idée du temps
qu'il a fallu aux hommes les plus sages de
treize états différents pour trouver une
entente afin d'écrire une constitution
et finalement de former les États-Unis
d'Amérique? On ne parle pas de jours, ni
de semaines. **Des années!** Votre problème
risque de prendre beaucoup de temps à
résoudre. Beaucoup de réflexion. Mais, il
n'y a pas de doute dans mon esprit, tôt ou
tard vous y arriverez!

Elles n'avaient pas d'arguments contre l'histoire. Elles
sont retournées dans leur chambre. Je les ai entendues
discuter sérieusement pendant quinze minutes...

Bon!, je suis désolé de vous rapporter qu'elles ne sont
jamais arrivées à une entente précise. *Par contre*, au cours
des deux semaines qui ont suivi, j'ai noté un net changement d'attitude. Maintenant, lorsque l'une d'entre elles
reçoit une amie, les autres quittent la chambre ou bien
elles demandent si elles peuvent y rester. Ça ne vous
semble peut-être pas un changement important, mais en
ce qui concerne mes trois filles, c'est une réussite majeure.

Les deux témoignages suivants décrivent des situations
où les enfants ont réussi à trouver des solutions. À la surprise
générale, ces très jeunes enfants ont été capables de trouver des
réponses créatives à des problèmes qui auraient embarrassé plus
d'un adulte.

J'étais en voiture avec ma fille (6 ans), son amie et mon
fils (3 ans). Les deux filles avaient chacune deux glands
et mon fils n'en avait pas. Il s'est mis à pleurer parce
qu'aucune des filles ne voulait partager les siens.

Ma fille a expliqué qu'en donnant un des siens à Joshua,
elle en aurait moins que son amie. Je leur ai dit que s'ils y

réfléchissaient bien, ils réussiraient à trouver une solution juste pour chacun. (J'ai dit cela sans le croire.) Environ une minute plus tard, ma fille a dit : « Maman, j'ai trouvé une solution ! Johanna (l'amie) peut donner un de ses glands à Joshua. Puis moi, je vais t'en donner un. Alors chacun aura le sien ! »

* * *

QUAND MA BELLE-SŒUR est venue avec ses enfants, j'avais hâte de lui montrer mes nouvelles habiletés. (Elle est d'avis que seuls des parents peu confiants ont besoin de cours pour savoir comment élever leurs enfants.) Enfin bon ! Mon neveu Jérôme (5 ans) a accouru en disant que ma fille, Léa (6 ans) ne voulait pas le laisser être Spiderman. J'ai dit : « Mince alors, Jérôme, c'est un gros problème. Hum… Je suis confiante que Léa et toi êtes capables de trouver une solution qui vous conviendra à tous les deux ! »

À voix basse, ma belle-sœur a marmonné que Jérôme allait laisser Léa avoir le dernier mot « comme toujours » et la laisser être Spiderman.

En moins de 5 minutes, les deux enfants sont revenus tout excités. Ils avaient trouvé une solution ! *Tous deux* seraient Spiderman ! Et le petit frère de Léa (19 mois) et la petite sœur de Jérôme (3 ans) seraient : « Euh… peu importe ce qu'ils veulent être ! ».

Ma belle-sœur était plutôt impressionnée. Elle a eu peine à croire que de si jeunes enfants aient réussi à régler un tel problème sans l'intervention des parents.

L'exemple suivant a été raconté par la mère d'une adolescente. Comme vous le remarquerez, son attitude est : « Mieux vaut tard que jamais ! ».

Je souhaiterais avoir connu ceci 10 ans plus tôt. C'est sûrement beaucoup plus facile à mettre en pratique dès le départ, quand vos enfants sont petits plutôt que d'avoir à détricoter tout ça lorsqu'ils sont adolescents. Mais je me suis dite que j'avais encore quelques années devant moi pour essayer de les initier à la courtoisie. Le souper est le moment le plus difficile. Ils n'arrêtent pas de se pigouiller[17] l'un l'autre, pendant que j'essaie de manger tranquillement mon repas. Des centaines de fois, je leur ai dit à quel point je les trouvais déplaisants. Je leur ai même dit qu'ils piaillaient comme des oiseaux, mais ça n'a pas eu l'air d'être pris en compte.

Quoi qu'il en soit, après la discussion de la semaine dernière, j'ai décidé de changer de tactique. Je ne laisserais rien passer. À partir du moment où j'ai entendu la première calomnie, je les ai arrêtés. J'ai dit : « Hé pas de langage toxique! » ou « Cette phrase était mordante. » Ou « Vous avez le choix les jeunes, une conversation plaisante, ou *pas de conversation du tout!* »

Je leur ai même demandé de préparer un sujet de conversation intéressant pour le lendemain, avant de venir à table. J'ai clairement exprimé mes attentes en disant que chacun devait « contribuer » à la bonne humeur dans notre famille.

Vous n'avez pas idée de ma détermination. Le soir suivant, je me suis présentée à table avec mon vieux sifflet (celui que j'utilisais quand j'étais prof de gym). Le repas a débuté sur une bonne note. En fait, ils parlaient comme des personnes normales. Mais après 5 minutes de discussion, j'ai entendu la première remarque sarcastique et j'ai sifflé. Pendant quelques secondes, ils n'ont pas su ce qui se passait, mais ils ont vite compris et se sont mis à rire. Pendant le reste du repas, ils se sont comportés décemment.

La plupart des témoignages présentés jusqu'à maintenant décrivent des chamailleries entre frères et sœurs qui se sont

---

17. Au Canada, et plus spécialement en Acadie, ce mot est utilisé pour signifier *taquiner* quelqu'un et rajoute une petite touche piquante. Un clin d'œil de la traductrice acadienne.

résolues assez rapidement suite à une brève intervention de la part des parents. Il y a l'autre sorte de querelle, celle qui pousse les parents à hurler : « Attendez d'avoir des enfants, vous saurez à quel point c'est difficile ! » Les deux prochains comptes-rendus montrent des parents impliqués dans une médiation prolongée entre des frères et sœurs furieux.

Mercredi après-midi.

Julien et Nicolas reviennent de l'école. Je les accueille et leur demande comment s'est passée leur journée.

Julien dit qu'il avait oublié son sac-repas et que son ami lui avait seulement donné quelques chips. J'ai compati avec lui et je lui ai donné le repas qu'il avait oublié. Puis les garçons sont allés jouer.

Quelques minutes plus tard, ils reviennent, se poussant l'un l'autre, Nicolas en pleurs.

Moi :   Qu'est-ce qui se passe ?

Julien :   *(en colère)* Nicolas m'a frappé sur la tête !

Nicolas :   *(à travers ses larmes)* Un accident. Julien, c'était un accident !

Julien :   Non ! Je sais que tu as fait exprès. *(Il recommence à pousser Nicolas.)*

Moi :   *(en les séparant)* D'accord, peu importe, on ne frappe pas les gens. Asseyons-nous pour discuter de ce qui se passe.

Julien :   Je ne veux pas en parler.

Julien s'assied et commence à regarder le livre que Nicolas a rapporté de la bibliothèque de l'école. Nicolas lui enlève. Julien le reprend.

Julien :   Je le regarde.

Nicolas :   C'est mon livre

Julien :   Non, ça vient de la bibliothèque. Ça ne veut pas dire que ça t'appartient.

Ils tirent tous les deux sur le livre.

Moi : Maintenant, nous avons un autre problème. Deux enfants et un livre. Qu'allez-vous faire ?

Nicolas : Je ne veux pas qu'il lise ce livre parce qu'il m'a frappé.

Julien : Juste parce que tu m'as frappé en premier. Je voulais me venger.

Nicolas : C'était un accident ! Et je ne t'ai même pas frappé fort.

Julien : Oh ouais ? Tu m'as frappé fort, comme ceci. (*Il frappe Nicolas sur la tête.*)

Nicolas fait un saut de côté, attrape un morceau de carton et frappe doucement Julien avec : « Non, c'était doucement, comme ça. »

Julien attrape le carton et frappe Nicolas avec force.

Moi : (*les séparant*) J'assiste à une vraie bagarre.

Julien : C'est sûr !

Moi : Julien, je vois que tu es très en colère. Ce n'est pas prudent pour vous deux d'être ensemble. Je veux que tu montes à l'étage.

Julien : Je ne veux pas, je veux me venger !

Moi : Il n'est pas permis de se frapper ! Tu peux soit aller à l'étage pour te calmer, soit me parler de ce qui te gêne.

Julien monte trois marches avec réticence et revient sur ses pas.

Julien : Maman, il m'a frappé tellement fort que j'ai mal à la tête.

Moi : Oh. Et maintenant tu as mal à la tête.

Julien : Et ce n'est pas le seul mal de tête que j'ai eu aujourd'hui.

MOI :	Tu as aussi eu mal à l'école?
JULIEN :	Ouais, à la musique. Madame Cormier a fait une crise et n'a pas arrêté de crier.
MOI :	(*voyant soudainement l'ensemble du tableau*) Si je comprends bien Julien, tu as eu une journée difficile. Premièrement, tu arrives à l'école et tu te rends compte que tu as oublié ton dîner, puis, la prof de musique s'est fâchée contre toi.
JULIEN :	(*qui fait signe que oui*) Et puis à la récré, Louis et Tom se sont ligués contre moi et Ben aurait fait la même chose si la surveillante ne les avait pas arrêtés...

Il a continué à décrire tout ce qui l'avait bouleversé à l'école. Quand il a eu fini d'énumérer les détails, j'ai reconnu qu'il avait eu une journée difficile. Ça l'a calmé. Son frère et lui ont joué en paix le reste de l'après-midi.

* * *

MON FILS ET MON BEAU-FILS sont très rapprochés en âge. L'adaptation est difficile pour eux ils ne s'habituent pas à devoir partager une chambre. Le plus difficile, c'est lorsque chacun insiste pour écouter *sa* musique au même moment. Hier, il y avait deux radios ouvertes à plein volume dans la même chambre. L'une qui diffusait du jazz et l'autre du rock.

MOI :	(*à la porte*) LE VOLUME! LE VOLUME! (*Le son des deux radios diminue.*)

Le lendemain, ça recommence, une station rock et une station de jazz. J'envoie un avion en papier, un message écrit dessus: « Arrêtez la musique! »

Ça se calme pendant un moment.

Puis, j'entends encore ce tapage.

MOI :	UNE SEULE MUSIQUE À LA FOIS!

C'est une règle géniale. Une dispute commence. Chacun veut sa propre musique, tout de suite, et accuse l'autre d'avoir mauvais goût. À l'heure du coucher, une autre dispute éclate. Théo veut s'endormir avec Chick Corea et Jérémie veut les Beatles. Ils ne peuvent écouter les deux en même temps, il n'y en aura pas. Théo vient me dire que c'était vraiment mieux avant l'arrivée de Jérémie. Ce soir-là, mon mari me raconte que Jérémie s'est plaint de la même chose envers Théo.

Le jour suivant : la musique fait encore du vacarme. Je me rends dans leur chambre et calmement, je débranche les deux radios, je les dépose sur ma commode et je ferme la porte de ma chambre. Quand j'entends les coups contre la porte et les cris de « Pas juste ! » j'ouvre la porte et j'annonce : « Dès que vous aurez trouvé une stratégie pour que les besoins de tous les membres de la famille soient respectés, je vous les rendrai. »

Toute une journée de calme, je peux enfin réfléchir. Le manque d'espace fait partie du problème. Si chaque enfant avait son petit espace à lui… Mais où ? Il y a un espace au sous-sol, une alcôve aménagée, il y a même une prise de courant, mais l'endroit est inaccessible. Il est rempli de meubles et de boîtes[18] qui proviennent des deux ménages. Une autre partie du malaise, et probablement la partie la plus importante, c'est le ressentiment qui grandit entre les deux garçons. Nous devons trouver un moyen de permettre à tout ça d'être exprimé.

Je révise mes notes de l'atelier, consulte mon mari et nous décidons de faire notre première réunion de famille. Les garçons sont méfiants, mais acceptent de participer.

Nous expliquons les règles de base et demandons à chaque garçon de nous décrire ce qui les dérange. Ça leur prend un moment avant de commencer, mais une fois parti, impossible de les arrêter :

---

18. Utilisé au Canada pour l'équivalent de *cartons*.

« Je déteste devoir partager une chambre. J'avais l'habitude d'avoir ma propre chambre.

– Je me sens comme l'étranger qui envahit l'espace privé d'un autre.

– Je n'ai pas assez d'intimité, parfois, je me plains moi-même.

– Nous sommes trop différents. Il est bon chic bon genre et je suis... plutôt punk.

– Je ne peux pas m'habituer au « rationnement de nourriture ». Il y a tellement de règlements entourant la nourriture ici. J'avais l'habitude de manger tout ce que je voulais.

– Je n'apprécie pas de partager mon père. Pourquoi faut-il toujours tout faire tous ensemble ? »

Nous n'en attendions pas autant. Je ne savais plus quoi dire, j'ai fait signe à mon mari de m'aider. Il m'a montré un de ses regards du genre « Je me sens dépassé moi aussi ». Puis il a dit : « Nous prenons vos plaintes au sérieux et nous voulons réfléchir à tout ce que vous nous avez dit. Continuons notre échange demain matin. » Puis je suis allée faire des courses et mon mari s'est attelé à payer des factures.

De retour à la maison quelques heures plus tard, j'ai entendu des bruits au sous-sol, je suis allée investiguer. Théo m'a vu arriver, il a crié : « Hé maman, tu arrives juste à temps. Viens voir ce que nous avons fait ! »

Jérémie a appelé son père : « Papa, viens voir toi aussi ! »

Le sous-sol était impeccable. Les boîtes étaient empilées contre un long mur, bien alignées en rangées de trois. L'alcôve était maintenant munie d'un tapis, une chaise au centre, une lampe dans un coin, une guitare dans l'autre et sur la table contre le mur, il y avait une radio.

Mon mari était sans voix. J'étais tellement émerveillée que tout ce que j'ai pu dire c'était : « Oh ! Vous avez fait tout ça ? Super... »

JÉRÉMIE : C'est mon endroit spécial pour ma musique.

THÉO : C'est parce que Jérémie aime s'asseoir pour jouer de la guitare quand il écoute du rock. J'utiliserai la chambre parce que j'aime m'allonger sur mon lit pour écouter la mienne.

Théo est allé dans sa chambre s'allonger sur son lit, il a mis son CD en marche. Jérémie a attrapé sa guitare et a allumé la radio, et nous sommes retournés dans la salle de séjour, se souriant mutuellement comme deux imbéciles heureux. Nous savons que ça ne peut durer, mais à ce moment-là, quel bonheur de goûter à la paix !

Cette histoire était la conclusion de notre dernière rencontre. À voir les expressions sur les visages, je voyais bien qu'ils se sentaient déjà nostalgiques. Moi aussi... Tant de moments mémorables et chaleureux partagés !

« Nos rencontres vont me manquer, a dit quelqu'un.

– Pouvons-nous nous revoir dans un mois environ, juste pour nous rafraîchir la mémoire ? »

J'ai vérifié auprès du groupe. Plusieurs personnes ont signifié leur envie d'un vigoureux signe de tête. D'autres n'étaient pas certaines, elles ont mentionné leurs activités planifiées pour l'été et des engagements.

Je n'avais pas prévu de faire une autre rencontre. Pourtant, l'idée d'un suivi dans un mois était tentante, même avec seulement une partie du groupe.

Nos agendas en main, nous avons choisi une date.

Chapitre VII

Faire la paix avec le passé

J e savais que tout le monde ne serait pas là. Quand le rythme régulier des rencontres est rompu, toutes sortes d'obligations se présentent et viennent à bout de nos meilleures intentions. Néanmoins, j'étais tellement habituée à l'énergie débordante et pleine d'entrain du grand groupe qu'il m'a fallu un moment pour accepter que ne nous ne serions que six ce soir.

« Peu importe, me suis-je dit, à six, ça peut quand même être intéressant, voire détendu et intime. » Mais il se passait autre chose ici ce soir. Une tension dissimulée était présente dans la salle. J'ai fait signe au groupe de rapprocher les chaises pour former un cercle plus étroit.

« Alors, ai-je commencé, comment ça va ? »

Un long et lourd silence a suivi.

Finalement quelqu'un s'est aventuré… « J'ai eu une grande discussion avec ma sœur Deborah, il y a quelques semaines, mais j'imagine que je ne devrais pas prendre le temps des autres pour en parler.

– Vous pouvez prendre le temps, ai-je répondu. Nous n'avons rien prévu de spécial ce soir.

– Mais nous sommes censé parler des relations entre nos enfants, pas des nôtres.

– Cette rencontre peut toucher à tout ce qui vous vient à l'esprit concernant les relations entre frères et sœurs. »

Elle hésitait. « En fait, dit-elle, je pense que c'est pertinent puisque si ça ne concernait pas nos rencontres, je ne lui en aurais jamais parlé. »

Soudain, l'intérêt était intense. Plusieurs personnes l'ont encouragée à continuer.

« Eh bien, je ne sais pas si quelqu'un se souvient de m'avoir entendu parler de ma sœur ici, avant aujourd'hui...

– Je me souviens très bien, a dit une femme. Quand nous parlions des comparaisons entre les enfants, vous nous avez parlé de votre mère qui vous présentait toujours Deborah comme un modèle à suivre et à quel point c'était pénible pour vous. »

Elle a rougi avant de continuer : « C'est bien ça. Suite à cette rencontre, la colère contre ma mère s'est avivée. J'étais fâchée de constater qu'elle plaçait Deborah si haut dans son estime par rapport à moi, et fâchée contre Deborah d'agir de façon tellement hautaine envers moi.

Et puis, quelques semaines après, nous avons évoqué le fait de mettre les enfants dans des rôles et à quel point c'était blessant, même pour l'enfant qui est placé dans un rôle positif. Je me suis soudainement rendu compte que Deborah avait peut-être elle aussi souffert de cette situation. Cette idée ne m'a pas quittée durant le reste de la soirée. Le lendemain, lorsque je me suis réveillée, je savais que je devais lui parler. »

Elle a fait une pause et nous a regardés d'un air interrogateur. « Êtes-vous certains de vouloir entendre tout ceci ? Il y a tellement de choses à dire. »

Le groupe l'a encore encouragée à continuer.

« Je me sentais un peu anxieuse de l'appeler, puisque en dehors des journées de congé, Deborah et moi n'avons aucun contact. Je ne savais donc pas comment elle m'accueillerait. J'imagine que j'avais peur de me sentir « fautive », une fois de plus. Eh bien, ça ne s'est pas du tout passé comme ça ! Deborah semblait très heureuse de m'entendre. Pendant un certain temps, nous avons parlé de nos maris et de nos enfants, et je suis finalement arrivée à parler de notre groupe, à quel point j'avais appris des choses intéressantes. Elle avait l'air intéressée. Je lui ai donc un peu parlé du thème des rôles. Puis, je lui ai demandé si elle pensait que maman nous avait mises dans des rôles.

Au début, elle a dit qu'elle ne le pensait pas, puis après un certain temps, en parlant de son enfance, elle a fini par admettre qu'elle s'était sentie stressée d'avoir toujours été celle qui était citée en exemple.

Puis, elle a dit une chose tout à fait étonnante. À certains moments, elle avait même senti que maman essayait de nous éloigner l'une de l'autre. Elle évitait donc de se rapprocher de moi de peur que maman ne la dévalorise. Elle se devait d'être la "spéciale" et j'étais celle que maman critiquait toujours. »

Ça nous a pris un certain temps, nous qui écoutions, avant d'assimiler ce qu'elle venait de dire. Puis quelqu'un a murmuré : « Vous avez probablement été secouée d'entendre cela. »

« D'une certaine façon, mais d'une autre, je pense que je l'ai toujours su inconsciemment. Le plus étrange, c'est que ça ne m'a pas perturbée. Je me suis seulement sentie mal pour Deborah. Je lui ai dit que ça avait dû être difficile pour elle, un lourd fardeau à porter pour un enfant. Puis soudainement, elle a éclaté en sanglots.

C'était la première fois que je sentais ma sœur aussi vulnérable. J'avais tellement envie de la réconforter et nous étions à 1 000 km l'une de l'autre. J'ai dit : "Deborah, je te serre dans mes bras à distance."

Puis elle m'a dit qu'elle était désolée pour la peine qu'elle avait dû me faire. Elle s'est dite touchée par mon appel. Elle a ajouté que si je ne l'avais pas appelée, nous serions peut-être mortes avant de nous être connues. Puis je me suis mise à pleurer. »

Plusieurs d'entre nous cherchaient un mouchoir.

« Vous savez ce que Deborah et moi avons décidé de faire maintenant ?, a-t-elle poursuivi. Nous allons nous retrouver à mi-chemin entre New York et Chicago, dans un hôtel. Nous allons passer toute une fin de semaine[19] ensemble, "juste elle et moi", sans maris ni enfants, seules toutes les deux. Nous avons beaucoup de choses à rattraper.

– Je suis heureux pour vous, a dit un homme et je suis triste aussi.

– Pourquoi ?, a demandé la sœur de Deborah.

– Eh bien, c'est désolant que des parents aient pu créer tant de distances entre leurs propres enfants. Nous avons beaucoup souffert lorsque mon père a éloigné de nous notre frère aîné, Tom.

– Pourquoi a-t-il fait cela ?, a-t-elle demandé.

– C'est une bien longue histoire… En fait, Tom a toujours été rebelle et mon père venait d'une famille autoritaire de tradition grecque orthodoxe ; il y a toujours eu de terribles disputes entre les membres de cette famille. La rupture finale est survenue lorsque Tom avait 17 ans. Il a pris de l'argent liquide dans le magasin de mon père et s'est sauvé. Mon père ne lui a jamais pardonné, jamais… Par la suite, il n'a jamais permis à Tom de remettre les pieds à la maison. Ma mère a essayé de plaider en sa faveur, j'ai tenté de plaider en sa faveur, mais il est resté sur ses positions.

– Et vous n'avez jamais revu Tom ?

– Une seule fois, huit ans plus tard quand mon père est décédé, Tom est venu à ses funérailles avec sa femme, mais depuis, nous avons eu très peu de contacts. J'aimerais tellement l'inviter pour des événements familiaux : le jour de l'Action de grâce[20], Noël, mais mon frère cadet, Nick, s'oppose à chaque fois. Il ne veut rien savoir.

---

19. Utilisé au Canada pour éviter l'anglicisme *week-end*.
20. C'est le fameux *Thanksgiving* américain.

– C'est étrange, a-t-elle commenté. C'est comme s'il avait repris le flambeau de votre père.

– Je sais, Nick me met dans une position très difficile. En fait, je me sens divisé. Vous voyez, mon fils cadet sera baptisé le mois prochain et j'aimerais que Tom soit là. Je sais qu'il a mal agi, mais tout ça aurait pu être géré différemment. Il n'aurait pas dû être écarté de la famille. Le résultat c'est que maintenant, mes enfants ont un oncle et une tante qu'ils ne connaissent pas et des cousins qu'ils n'ont jamais rencontrés. J'ai une nièce et un neveu qui sont des étrangers pour moi.

– Qu'allez-vous faire?, a demandé la sœur de Deborah d'une voix douce. »

Une longue pause.

« Je vais en reparler à Nick. Nous avons la chance d'avoir un frère et nous *devons* l'accepter et lui démontrer de l'amour. Sinon, ce serait mal. Je veux que tous mes frères soient rassemblés au baptême de mon fils. Je veux que nous soyons à nouveau une famille. »

« Oh! je vous le souhaite, a dit une autre femme avec mélancolie. Ça doit être merveilleux d'avoir la possibilité d'être une famille au complet à nouveau. »

Je me demandais ce qu'elle voulait dire. Puis, je me suis souvenue que c'était cette même femme, qui, lors de notre première rencontre, avait mentionné avoir une sœur souffrant de maladie mentale.

« Ce serait tout simplement impossible d'essayer de renouer avec ma sœur, a-t-elle poursuivi. La dernière fois que j'ai discuté avec elle, elle m'a accusée de faire circuler des rumeurs à son sujet auprès de ses amies. De toute façon, la personne à qui je voulais vraiment parler, c'était ma mère. Cet atelier m'a ouvert les yeux à propos de nombreuses choses. Après notre dernière rencontre, je me suis dit : "Si c'est tout ce qu'il me reste à faire, je vais dire à ma mère comment je me suis sentie pendant toutes ces années." »

– Pensez-vous pouvoir le faire un jour?, a demandé timidement quelqu'un.

– C'est fait, a-t-elle répondu.

– Et votre mère vous a écoutée?

– Eh bien, ça n'a pas été facile pour elle.

– Qu'est-ce que vous lui avez dit? »

Elle a hésité, me lançant un regard gêné.

« Peut-être que vous préférez ne pas en parler, ai-je suggéré.

– Oh, je ne sais pas... Je pense que ça va aller. » a-t-elle dit.

Puis, elle a fermé les yeux pendant un moment, essayant de se remémorer la scène. « En résumé, j'ai dit à ma mère que j'étais fâchée parce que les émotions de Line avaient toujours dominé dans la maison. » J'ai dit : "Tu étais tellement préoccupée par Line et ses problèmes que tu ne m'as jamais vue. Tu ne m'as pas connue et tu n'as même pas eu envie de me connaître. Je ne me suis donc jamais sentie aimée." »

On aurait pu entendre une mouche voler. « Qu'a-t-elle répondu à cela? », a demandé quelqu'un. »

« Elle a dit que j'étais ridicule, surtout parce que j'avais été l'enfant parfaite, celle que tout le monde "aimait". Je lui ai dit : "Tu vois, c'est exactement ça, tu recommences encore! Me faire croire des choses qui ne sont pas vraies." »

Ma mère m'a ignorée et s'est lancée dans les mêmes vieilles histoires au sujet de comment ça avait été difficile pour elle d'avoir à s'occuper d'un enfant perturbé pendant toutes ces années; tous ces médecins, ces comportements irrationnels, jamais un moment de répit. Elle est revenue sur toutes les fois où Line avait fait ceci, Line avait fait cela...

J'avais déjà entendu ça et beaucoup trop souvent. Je ne pouvais la laisser terminer son discours. J'ai dit : "Maman, je vais te demander quelque chose de très difficile. *Écoute-moi. Écoute-moi, tout simplement*, sans continuer à me donner des explications. Je sais déjà tout ça. J'aimerais que tu essaies de comprendre ce que ça été pour *moi* pendant toutes ces années." Elle m'a regardé droit dans les yeux. Puis elle a dit : "D'accord... d'accord, vas-y." Eh bien, tout est sorti. Je lui ai rappelé toutes les fois où elle avait essayé de me mettre dans un rôle de modèle de vertu :

"Merci Seigneur, *toi,* tu es fiable."

"Au moins, *toi,* tu as une tête sur les épaules."

"Je suis heureuse d'avoir un enfant qui est responsable."

Et je lui ai rappelé tout ce que j'avais essayé de faire pour me rebeller, comme lorsque j'ai arrêté d'aller à l'école en cinquième année[21] ou quand j'ai refusé de jouer du piano pour nos visiteurs. Et qu'en réponse à cela, j'entendais : "Ça ne te ressemble pas ma chérie."

Je ne pouvais pas lui donner assez d'exemples pour lui expliquer à quel point je m'étais sentie invisible. Pas étonnant que la moitié du temps, je ne savais même pas qui j'étais.

Puis je lui ai demandé : "As-tu idée de ce que cela aurait pu représenter pour moi, si tu m'avais dit, une seule fois : 'Tu n'as pas besoin d'être si bonne tout le temps. Tu n'as pas à te montrer aussi parfaite. Tu n'as pas à être celle qui fait le bonheur de maman. Tu peux être *méchante, morveuse, débraillée, avare;* tu peux manquer de considération et être irresponsable, et tout ça, c'est O.K. C'est normal d'être comme ça par moments. Ça ne m'empêchera pas de continuer à t'aimer.'"

Les larmes coulaient sur le visage de ma mère pendant que je parlais, mais ça ne m'a pas arrêtée. J'en étais incapable. Et finalement, quand j'ai eu terminé, elle a dit : "Je ne savais pas... Qu'est-ce que je peux dire?... Je ne sais pas quoi te dire..."

J'ai dit : "Rien. Il n'y a rien à dire. Je voulais juste que tu le saches."

---

21. Équivalent du CM2 en France.

Puis, quelque chose a fondu en moi. J'ai dit : "Ne vas pas croire que je n'ai aucune idée de ce que tu as dû traverser avec Line pendant toutes ces années. Je sais que ça a été difficile pour toi." Puis je l'ai prise dans mes bras et nous sommes restées dans les bras l'une de l'autre... C'est comme si un mur était tombé entre nous. »

J'avais écouté avec émerveillement. Comme la compréhension nous permet de pardonner rapidement. Quel énorme soulagement d'avoir pu évacuer tous ces sentiments amers ! Quel cadeau sa mère lui a donné juste en l'écoutant !

« Je ne pourrais jamais dire de telles choses à ma mère, a dit une autre femme en secouant la tête. Elle ne sait même pas quoi faire de ses propres sentiments. Je ne sais pas pourquoi j'ai essayé, mais dernièrement, j'ai voulu lui dire les choses qui m'avaient blessée quand j'étais enfant. Par exemple, que je n'avais pas eu le droit de me fâcher contre mon frère et que je devais toujours m'abaisser devant lui parce qu'il était le « prince héritier ».

Vous savez ce qu'elle a dit ? "Le problème avec toi, c'est que tu cherches les problèmes et que tu veux que tout soit toujours parfait."

Puis j'ai dit : "C'est quoi le problème de dire qu'on est blessé quand c'est le cas ? Si tu te frappes contre le lit et que tu t'écrases un orteil, ne peux-tu pas dire : 'Sapristi que ça fait mal !' ?"

Elle a dit : "Pas vraiment, je m'en vais tout simplement en me disant : 'C'était idiot de ma part ça !'"

Par la suite, j'ai tout simplement laissé tomber. C'est ainsi que ma mère transige avec tout. Alors, comment pourrais-je m'attendre à ce qu'elle me comprenne ?

Elle est tellement pénible parfois, j'aurais envie de la secouer. Elle n'arrête pas de dire comment elle voudrait que ses enfants soient proches les uns des autres, mais tout ce qu'elle a fait n'a contribué qu'à nous éloigner. Vous savez le plus bizarre dans tout ça ? Mon frère, avec qui je n'ai jamais de contact, vient d'avoir son premier enfant et soudainement, il m'appelle pour me demander conseil. Maintenant, en fait, nous nous parlons comme des personnes normales. Finalement, peut-être qu'il y a de l'espoir pour nous. Mais je vous jure, si un jour nous devenons amis, ce ne sera pas grâce à ma mère mais plutôt malgré elle. Je sais qu'elle a de bonnes intentions mais impossible d'imaginer en elle la personne sensible. »

« Je ne sais pas. », est intervenu un autre homme. C'était le seul qui n'avait pas encore parlé. « Ma mère et mon père étaient tous deux des personnes très sensibles, mais je peux vous assurer que même des parents sensibles laissent arriver des choses insensibles. »

Tous les yeux se sont tournés vers lui.

« Je pense avoir déjà mentionné, a-t-il expliqué, que j'avais un frère jumeau qui avait l'habitude de me donner des raclées et que mes parents ne bougeaient pas d'un doigt pour l'arrêter.

– C'est terrible, a dit quelqu'un, pourquoi ?

– Je n'en ai aucune idée. Peut-être parce qu'ils pensaient que des garçons doivent se chahuter. Peut-être pensaient-ils qu'étant jumeaux, nous avions cette affinité naturelle qui fait que nous ne nous ferions jamais vraiment mal. Je n'ai aucune idée de ce qu'ils pensaient. Tout ce que je peux vous dire, c'est que lorsque vous avez 5 ans et que seul vos parents ont le pouvoir de vous protéger, et qu'ils regardent ailleurs, c'est assez effrayant. Tu te dis qu'il te faut probablement traverser cette épreuve, d'une façon ou d'une autre.

– Vous deviez être un enfant fort, ai-je dit.

– J'étais solide. Mais mon frère Éric était beaucoup plus fort que moi, et beaucoup plus gros. Il est né 5 minutes avant moi et il était pratiquement deux fois plus gros que moi.

– Vous partiez donc avec un désavantage.

– C'est vrai, mais quand nous étions petits, qu'il soit tellement plus gros que moi ne me dérangeait pas vraiment. Je ne le laissais pas m'intimider. Un exemple typique : il entrait dans la pièce et coupait mon émission de télé parce qu'il voulait regarder la sienne. Eh bien, je n'allais pas me laisser faire ! Je remettais mon émission. Il sautait ensuite sur moi, il m'écrasait sur le sol et me frappait jusqu'à ce que je prenne conscience qu'il pouvait vraiment me blesser. Puis, à un moment donné, beaucoup plus tard, j'ai tout simplement quitté la pièce dès qu'il entrait.

– Je ne vois toujours pas comment vos parents ont pu permettre que tout ça continue, s'est exclamée une femme.

– Eh bien, ma mère a parfois essayé de me protéger. Elle disputait Éric et me faisait sortir de la pièce avec elle. Mais la plupart du temps, elle sentait qu'il fallait nous laisser régler ça par nous-mêmes. Un jour, elle nous a apporté cette chose, Joe Palooka, un gros bonhomme en plastique gonflable avec une poche de sable en-dessous, pour lui permettre de se redresser quand on le frappait. Je me rappelle avoir entendu ma mère dire à Éric : "Quand tu auras envie de frapper ton frère, frappe plutôt sur ceci." Je ne l'oublierai jamais, puisqu'après avoir reçu cette chose, il me frappait, puis il frappait le sac et puis il revenait me frapper. C'est clair que ça n'a pas fonctionné. »

Quelqu'un a demandé :

« Et quand vous étiez adolescents ?

Éric est devenu un sportif accompli : hockey, soccer, football. Il se serait battu à mort pour anéantir, détruire. Plus il vous battait, mieux il se sentait. J'ai évité les sports. En fait, au secondaire, je n'étais pas très aventurier. J'ai tenté de bien réussir socialement. Je ne faisais jamais rien qui m'aurait éloigné de mon cercle d'amis où je me sentais protégé.

– Est-ce que les choses ont changé lorsque vous êtes devenus adultes ?

– Pas vraiment. Les attaques physiques se sont seulement transformées en attaques verbales. Par exemple, dans notre famille, les discussions à table étaient importantes. Éric était toujours à la fine pointe de tous les sujets de discussions : les livres, les sports, la politique. Si j'essayais de donner mon avis, il disait avec mépris : "C'est idiot ça." Mes parents étaient tellement impressionnés par ses connaissances que toute leur attention était prise par ses discours, alors ils ne s'en rendaient même pas compte. Après un certain temps, je me suis contenté d'écouter leurs discussions et de faire des remarques humoristiques. En fait, j'ai développé un ton plutôt cassant et sarcastique. C'était ma seule arme contre Éric. Et je l'utilisais. Je connaissais tous ses points faibles.

– Qui aurait pu vous blâmer, a commenté un homme, il fallait que vous vous vengiez de ce saligaud. »

Il a sourcillé et s'est installé au fond du siège, son agitation s'est calmée.

« À une époque, j'aurais pu être d'accord avec vous. Mais une chose très étrange est arrivée. Le mois dernier, une fois nos rencontres terminées, j'ai eu cette envie irrépressible de recontacter Éric, après plusieurs années d'évitement. Je lui ai donc téléphoné et nous nous sommes revus autour d'un repas qui a finalement duré 3 heures.

La curiosité était très forte dans le groupe.

« De quoi avez-vous discuté?... L'avez-vous affronté?... Lui avez-vous dit à quel point il vous avait rendu la vie misérable?

– Ce qu'il avait à me dire, principalement, c'était comment *moi* j'avais rendu *sa* vie misérable. »

Les mâchoires sont tombées.

« Selon Éric, j'étais le fils "préféré" et il ne pourrait jamais me le pardonner. Il a fait remarquer qu'il y avait un lien naturel entre maman et moi, et que l'alchimie entre elle et lui ne s'était pas manifestée. Il a senti qu'elle était toujours en colère contre lui et tellement occupée à me protéger qu'il n'avait jamais reçu la compréhension qui lui était due.

212 Frères et sœurs sans rivalité

Il m'a aussi dit qu'il se rappelait que, dès le début, les personnes étaient toujours attirées vers moi. "Tu étais tellement petit, avec tes traits si parfaits, comme le plus petit chaton d'une portée et j'étais le gros fanfaron. Tous les gens passaient devant moi et te prenaient dans leurs bras."

Puis, il m'a dit qu'il s'était senti isolé, timide et maladroit, et cela, dès la maternelle. Et tout cela avait été encore plus difficile au secondaire pour lui parce que j'étais "M. Personnalité", que je revenais à la maison avec beaucoup d'amis alors qu'il était seul.

Je lui ai rappelé que c'était lui qui recevait tous les compliments à la maison, il était intelligent et si bon athlète. Il a dit : "Les compliments ne voulaient rien dire. Toi, tu recevais l'amour."

Je lui ai demandé sans détour : "C'est pour ça que tu me battais?"

"Exactement, a-t-il dit, j'étais furieux et frustré, tu étais mon bouc émissaire."

Puis, je lui ai demandé s'il pensait qu'il aurait été moins fâché contre moi si maman n'avait pas été si souvent fâchée contre lui parce qu'il me battait.

"Probablement", a-t-il répondu. Puis il m'a demandé : "Aurais-tu été jaloux si maman et moi avions été si proches?"

J'ai répondu : "Peut-être. Mais c'en aurait valu la peine puisque tu aurais été bien moins fâché contre moi."

Puis, nous avons réalisé que nous avions tous deux souff. ferts, on s'était déchiré l'un l'autre ; ses attaques et mes façons de riposter avaient été si blessantes pour chacun de nous deux.

Au moment de nous quitter, nous avions tous deux le sentiment qu'une page de notre histoire était tournée, comme si nous venions de retrouver une partie manquante de nous-mêmes. Et nous savions que nous étions tous deux de belles personnes. Aucun de nous n'était méchant. Il était un bon gars et j'étais un bon gars. Seulement deux bons gars qui se débattaient tant bien que mal avec les frustrations qui accompagnent le fait d'être des frères. Et avec un père et une mère qui avaient fait de leur mieux. »

* * *

LE MOMENT ÉTAIT VENU DE S'ARRÊTER. Nous étions tous vidés. La rencontre avait été épuisante sur le plan émotionnel. Plus personne ne voulait parler. Les étreintes, avant de se quitter, ont été difficiles et silencieuses.

Pour la première fois, j'étais heureuse d'avoir un long chemin à faire pour retourner à la maison et je m'estimais heureuse de pouvoir vivre ce retour en silence. Il y avait tant à réfléchir.

Je ressentais une admiration mêlée de crainte devant ce que je venais d'entendre : effrayée par le pouvoir de ces dynamiques entre frères et sœurs, capables de générer autant de douleur, et ce, dès la plus tendre enfance, admirative de cette attraction presque magnétique qui conduisait les frères et sœurs à reconnecter et à rétablir le lien d'attachement si fort entre eux, admirative de cette pulsion qui malgré les blessures, les poussait l'un vers l'autre à essayer de se guérir et d'aider l'autre à guérir.

J'ai aussi senti un regain de conviction envers les habiletés que j'enseignais. Tous les incidents douloureux qui avaient été évoqués pendant la rencontre de ce soir auraient pu être amoindris ou évités si les adultes avaient eu ces habiletés d'écoute.

« Imaginons, ai-je pensé, un monde où les frères et sœurs grandissent dans des foyers où blesser les autres n'est pas permis, où l'on enseigne aux enfants à exprimer sainement leur colère, de façon sûre. Un endroit où chaque enfant est valorisé en tant qu'individu, plutôt qu'en relation avec les autres. Un endroit où la coopération est la norme plutôt que la compétition ; où personne n'est emprisonnée dans un rôle et où les enfants reçoivent l'aide nécessaire pour résoudre leurs différends ; qu'ils vivent tout cela au quotidien.

Et admettons que ces enfants grandissent et deviennent les piliers du monde de demain ? Quel demain ce serait ! Les enfants, élevés dans de tels foyers, sauraient comment s'attaquer aux problèmes de notre monde sans attaquer ce monde. Ils auraient les habiletés et l'engagement nécessaires pour y arriver. Ils sauveraient notre famille universelle. »

La pluie a commencé à tomber. J'ai mis mes essuie-glaces en marche et j'ai allumé la radio pour écouter les nouvelles.

Troublant. C'était comme si j'entendais les histoires de notre groupe mais sur une toute autre échelle, beaucoup plus grande : les conflits territoriaux, les disputes de systèmes de croyance, les jalousies concernant ceux « qui possèdent » et ceux « qui ne possèdent pas », les gros qui imposent aux plus petits, les petits qui se plaignent aux Nations unies et à la Cour internationale de justice ; de longues histoires compliquées cousues d'âpreté et de méfiance qui se jouent à coup de discours violents et de bombes.

Mais ce soir, ça ne m'atteignait pas. Ce soir, j'étais débordante d'optimisme. Si, après de si longues histoires de souffrance, de compétition et d'injustice, le désir de se réconcilier était encore si présent, si puissant entre les frères et sœurs, alors pourquoi ne pas envisager un monde différent ? Un monde où frères et sœurs, de divers horizons, seraient déterminés à résoudre toutes les différences qui les séparent, à se rapprocher les uns des autres et à découvrir l'amour et la force qu'un frère ou une sœur peuvent se donner l'un à l'autre.

J'ai éteint la radio. La pluie s'était calmée.

Soudainement, tout m'a semblé possible.

Épilogue

Chers lecteurs et chères lectrices

Quand le livre *Siblings Without Rivalry* s'est retrouvé au sommet de la liste des best-sellers du *New York Times*, moins d'un mois après sa publication, nous avons soudainement été projetées dans des rôles d'expertes sur la « question des relations entre frères et sœurs ». Les gens voulaient nous parler. Il semblait que le sujet de notre livre était au cœur de la vie de tant de personnes que celles-ci se sont sentaient appelées à nous raconter comment elles avaient vécu leurs propres relations avec leurs frères et sœurs.

Des frères et des sœurs, jeunes et moins jeunes, ont répondu à l'appel pendant nos interventions à la radio, nous ont lancé des défis en nous posant des questions pendant des émissions de télé. D'autres nous ont prises à part après nos conférences, se sont vidées le cœur pendant nos ateliers et nous ont écrit de longues lettres touchantes. Même les reporters de journaux et de magazines entremêlaient leurs entrevues[22] de récits de leurs propres angoisses autour de leurs relations entre frères et sœurs.

Nous avons écouté et nous avons appris. De toute évidence, il y avait encore beaucoup à apprendre et tant de choses à dire. C'est pourquoi, lorsque notre éditeur nous a demandé si nous voulions faire une mise à jour de notre livre en y ajoutant quelque chose, nous n'avons pas hésité. C'était une chance en or.

C'était l'occasion d'offrir plus d'aide aux parents des tout-petits. De donner une aide particulière aux parents dont les

---

22. Utilisé au Canada pour éviter l'anglicisme *interview*.

enfants plus vieux devaient passer beaucoup de temps seuls ensemble, parce que ces parents étaient au travail à l'extérieur de la maison. De l'aide à tous les parents qui cherchaient de nouvelles façons d'encourager de bons sentiments et des comportements respectueux entre les frères et sœurs.

Nous espérons que cet épilogue au livre *Siblings Without Rivalry* vous guidera un pas plus loin vers l'harmonie dans votre foyer.

Adele Faber et Elaine Mazlish

Les premiers retours

C'est lors d'une émission radio en direct, pendant une tournée de lancement de *Siblings Without Rivalry*, qu'une fois de plus, nous avons constaté à quel point les frères et sœurs marquent la vie les uns des autres. L'anonymat de la radio, parler sans être vu, permet aux gens de révéler leurs sentiments les plus intimes. Voici un échantillon de ce que nous avons entendu :

« J'ai décidé de ne pas avoir de second enfant parce que je savais ce que ma sœur aînée avait enduré à cause de moi. Les personnes de notre famille, et même celles extérieures à la famille, avaient toujours fait des commentaires sur ma beauté et mes talents et l'ignoraient, elle. Je ne voulais surtout pas qu'un de mes enfants souffre autant qu'elle avait souffert et qu'elle souffre encore. »

« Je n'ai jamais pu être proche de mon frère. Peut-être à cause de la manière dont nous avons été élevés. Mon père était entraîneur de football et dès le départ, notre famille a été un lieu de compétition. Mon frère a complètement adhéré à ce modèle. Encore aujourd'hui, quand je lui téléphone, il ne dit jamais : "Bonjour Rudy, qu'est-ce que tu fais ?" ou "Comment vas-tu ?" La première chose que j'entends c'est : "Je me suis acheté une nouvelle voiture aujourd'hui." ou une chose de ce style. Il essaie encore de me surpasser. »

« Nous sommes trois sœurs, toutes proches en âge, je me souviens que je demandais constamment à ma mère : "Qui est ta préférée ?" Sa phrase n'a jamais changé. Elle disait toujours : "Je vous aime toutes également. Vous êtes mes trois petits oursons." Eh bien, laissez-moi vous dire que ça fait mal, très mal. Aux yeux de ma mère, je n'étais pas quelqu'un de spécial. Pas facile de faire sa vie en pensant qu'on est seulement un des petits oursons de la portée. »

« Mon père voulait que chacun de ses enfants se sente spécial, il me disait donc : "Tu es intelligent" et à mon frère qui n'était pas doué pour les études "Mais toi, tu as de bonnes habiletés sociales". Je l'ai pris à la lettre. Soit je restais en retrait pendant les temps en société soit je les évitais, tout simplement. Très récemment, et je suis dans la trentaine, j'ai soudainement réalisé que mon père se trompait peut-être. Après tout, tant de personnes semblaient m'apprécier.

Enfin, après avoir lu votre livre, j'ai commencé à me demander comment les choses avaient pu se passer pour mon frère : si les mots de mon père m'avaient tant affecté, qu'en était-il de lui ? Avait-il quitté l'école pour ces raisons-là ? Est-ce que ça expliquait pourquoi il avait toujours semblé m'en vouloir ? Je me suis alors senti vraiment mal.

J'ai pensé : "Pourquoi mon père pensait-il qu'il devait mesurer nos habiletés comme si elles étaient mutuellement exclusives ? Pourquoi n'aurait-il pas pu dire qu'il y avait de la place pour plus d'une personne intelligente dans la famille ? Pourquoi n'aurait-il pas pu se vanter que ses *deux* enfants étaient intelligents et que ses *deux* enfants étaient sociables." Tout aurait été si différent pour nous. »

« Mes parents ont fait tout le contraire de ce que vous dites dans votre livre. Récemment, j'ai dit à ma sœur (Elle a 41 ans et elle continue d'être fâchée contre moi parce que j'étais "la meilleure") : "Allez, ne laissons pas toutes les choses idiotes que maman et papa ont faites gâcher notre relation pour toujours. Je t'aime, je trouve que tu es une très belle personne. Vraiment ! Et j'ai besoin de toi, je te veux dans ma vie." »

Même des enfants nous ont téléphoné pour nous raconter comme ils étaient malheureux dans leur relation avec leur frères et sœurs.

Une fille s'est plainte de son frère qui « commence toujours la dispute et c'est moi qui suis punie ». Une autre nous a parlé de sa « méchante » sœur qui devait la garder mais qui l'avait juste poussée dehors et l'avait laissée entrer peu avant le retour de leurs parents.

Un garçon de 10 ans nous a dit : « Mon frère et moi nous disputons sans cesse. Nous nous bagarrons tellement que si un soir, vous nous enfermiez dans une voiture, le lendemain en ouvrant la porte, vous nous retrouveriez tous deux morts. Est-ce que votre livre s'adresse seulement aux adultes ou bien est-ce que les enfants peuvent le lire aussi ? »

* * *

AU RETOUR DE NOTRE TOURNÉE de lancement, nos boîtes aux lettres étaient pleines. Remplies de lettres de personnes qui voulaient partager leurs réactions à notre nouveau livre. Voici des extraits de quelques-unes de ces lettres et d'autres qui ont suivi au cours des années.

J'étais restée éveillée jusqu'aux petites heures du matin à lire *Siblings Without Rivalry*. Au réveil à 6 h 30 ce matin, j'ai commencé à utiliser mes habiletés fraîchement découvertes pour que mes filles sortent du lit et qu'elles soient prêtes à temps pour l'école. Étonnant comme juste une journée peut faire toute la différence! La veille, celle de 9 ans avait refusé de déjeuner parce qu'elle ne voulait pas s'asseoir à table devant la « face laide » de sa sœur. Il m'avait presque fallu la porter jusque dans l'autobus. Celle de 3 ans avait pleurniché et hurlé pendant notre routine du matin, et sa sœur et elle s'étaient bagarrées, querellées, disputées tout au long de la matinée.

Toutefois, ce matin, quand la première médisance a commencé, l'aînée dénonçant sa cadette (« Maman, le cours de danse de Cendrine n'est que cet après-midi et elle porte déjà ses chaussures de claquettes. »). J'ai répondu : « Eh bien, je ne m'intéresse pas à ce que fait

Cendrine pour le moment. Mais, j'aimerais qu'on parle de toi…» L'autre est restée bouche bée. J'ai utilisé quelques autres habiletés toutes fraîches, et sans que je m'en rende compte, j'ai finalement réalisé que mes deux filles avaient déjeuné calmement, avaient gentiment attendu leur tour pour que je leur attache les cheveux et elles se sont mêmes fait un signe d'au revoir avant le départ.

Celle de 3 ans m'a quand même étonnée quand, au retour de la garderie, elle m'a dit : « Maman, je n'ai plus envie d'être gentille aujourd'hui. Est-ce que je peux me fâcher maintenant ? »

Certaines personnes n'ont pas attendu de finir le livre avant de nous écrire. Cette lettre a été écrite par une mère de trois enfants qui venait tout juste de lire le premier chapitre.

La semaine dernière a été la plus difficile de toute ma vie. Mon aînée, Ashley (6 ans) a dit qu'elle haïssait sa sœur, Loren (4 ans). « Je la déteste, a-t-elle dit, mais j'aime Mélissa (le bébé). Elle ne prend pas mes affaires. »

J'étais effondrée. Mes enfants se haïssent. Que faire ?

J'étais tellement anéantie que je suis vite descendue prendre le livre *Siblings Without Rivalry*, toujours sur l'étagère de la bibliothèque du salon parce que je ne l'avais pas encore lu, et j'ai commencé à le lire. C'était un vendredi, la dernière journée d'une semaine désastreuse. Le samedi matin, je venais tout juste de digérer le premier chapitre quand Ashley est descendue en pleurant : « Loren a cassé ma craie! Je ne peux plus l'utiliser.

Moi :	Oh!
Ashley :	Elle l'a cassée en trois morceaux! Elle prend toujours mes affaires. Elle casse tout.
Moi :	Oh, Ashley, je vois que tu es très déçue et fâchée. (*Je me suis arrêtée là puisque c'était tout ce que j'avais lu et je ne savais plus comment poursuivre.*)

ASHLEY :   J'ai une idée! Tu te souviens du vieux tableau noir dans l'armoire à jouets? Pourquoi ne pas le donner à Loren et lui acheter ses propres craies.

MOI :   (*émerveillée*) J'aime cette idée! Faisons ça. »

Merci Adele et Elaine! J'ai gagné de la confiance en moi maintenant et je ne peux plus attendre de lire le reste du livre.

Alors que nous nous félicitons du pouvoir et de la clarté de notre œuvre, nous avons reçu la lettre suivante.

Chères Mme Faber et Mme Mazlish,

Pourriez-vous m'envoyer *toute* information que vous auriez au sujet de la rivalité entre frères et sœurs. Je viens tout juste de lire *Siblings Without Rivalry*. J'ai des filles de 10 ans et 7 ans, elles me rendent « folle »! Peu importe ce que j'essaie, elles continuent de se disputer comme chien et chat. Un jour, tellement frustrée alors qu'elles se disputaient de la sorte, je leur ai demandé d'aller faire les poubelles dehors pour voir si elles ne trouvaient pas de vieilles boîtes de conserve pour leur repas, comme le font les chiens et chats de gouttière. J'en reviens pas de leur avoir dit une telle chose! De l'aide, s'il vous plaît.

Ça nous a remises à notre place. Nous avions ce fantasme de nous croire capables de résoudre tous les problèmes des frères et sœurs du monde. La lettre suivante nous a remonté le moral.

Je veux juste vous dire comme votre livre est extraordinaire. J'ai grandi dans la famille la plus dysfonctionnelle qui soit. Je me moque des livres qui semblent avoir *toutes* les réponses. Je trouve toujours qu'avec ma sensibilité bien particulière, il m'est impossible de mettre les choses qu'on y recommande en pratique. Toutefois, votre livre a été d'une utilité incroyable dans ma vie. Merci de vous être assez souciées des autres pour l'écrire.

Certains parents nous ont écrit pour nous dire comment notre livre les avait inspirés à trouver leurs propres idées. Voici celle d'un père qui nous a écrit.

Avec mes trois garçons, c'est toujours : « C'est moi en premier », suivi des pleurs des deux autres qui ne le sont pas. Pour tout c'est : qui sera le premier dans la voiture, qui aura le premier biscuit, qui aura un premier baiser avant le coucher, etc.

Dernièrement, j'ai trouvé ce que je crois être une excellente réponse à mon problème. Je dis : « Tu es le premier à être le deuxième. » Et ça marche ! Le deuxième dit fièrement : « Ah, je suis le premier à être le deuxième ! » Mais je voudrais qu'ils sachent que le plus important, c'est que chacun est le premier pour moi.

Une mère d'enfants de 6 ans et 8 ans a écrit :

Les habiletés de votre livre fonctionnent comme un charme avec mes deux filles, excepté quand elles veulent la même chose au même moment. À ce moment-là, chacune s'agrippe à mort à ce qui se passe, peu importe ce que je dis ou la façon dont je le dis, elles ne lâcheront pas. Elles sont tellement occupées à tirer sur l'objet, chacune de leur côté, qu'elles ne m'entendent même pas.

Maintenant, voici ma grande découverte : la seule façon de les sortir de cette impasse, c'est de leur retirer l'objet. Et le truc, c'est de ne pas le faire de façon punitive : « O.K. c'est fini ! Voilà, personne ne peut l'avoir. », mais plutôt, de mettre l'accent sur la tâche qui leur revient. Je dis : « Je vais juste mettre ceci sur l'étagère, pour le mettre en sécurité, pendant que vous réfléchissez toutes les deux à une stratégie pour le partager, sans vous disputer. Aussitôt que vous serez prêtes, dites-le moi et je vous le remettrai. »

La première fois que j'ai utilisé ma nouvelle méthode, toutes deux ont essayé de faire appel : « O.K. Maman, tu me le donnes en premier, et dans 5 minutes, Colombe pourra l'avoir.» J'ai dit : «Il faut que tu discutes de cela avec Colombe.» Il fallait que je les ramène constamment l'une à l'autre. Toutefois, maintenant, elles ont compris l'idée et négocient assez bien directement l'une avec l'autre.

P.S. : Je n'ai toujours pas trouvé l'étape d'après, qui serait de les mettre en charge de tout ça dès le départ, pour qu'elles ne sollicitent pas mon intervention. Je pense leur suggérer, juste au cas où ça arriverait encore, de se trouver un endroit neutre dans la maison. Un endroit où elles pourraient mettre l'objet de litige en attendant qu'elles décident ce qu'elles vont en faire.

Je vous informerai de la suite.

Comme le livre *Siblings Without Rivalry* a été traduit dans plus d'une trentaine de langues, nous avons aussi reçu des lettres de l'étranger. En voici une qui vient de France :

Comme beaucoup de personnes, je me croyais capable d'éviter la rivalité entre mes enfants, mais dès le premier jour de ma grossesse, Claude ne voulait pas du bébé. Il me demandais sans cesse pourquoi nous allions avoir un bébé, je répondais invariablement : « Papa et moi t'aimons tellement que nous voulons un autre bébé.» (Il aurait dû aimer ça!) Jusqu'au jour où je lui ai dit la vérité : « Je ne voulais pas faire ce bébé et parfois même, je souhaiterais ne l'avoir jamais fait! » Il a arrêté de me poser la question.

Claude venait tout juste d'avoir 3 ans quand Marie est née. Tout au long de ma grossesse, il disait des choses du genre : « Mets ce bébé-là à la poubelle. Alors, il ira dans le camion à ordures et il sera tout "écrasé".» À d'autres moments, il la mettait dans la gouttière et l'eau de pluie l'emportait jusqu'en Australie, là où habitent ses grands-parents. J'écoutais simplement et je répondais d'un hochement de tête. Nos amis étaient plutôt scandalisés d'entendre mon fils, mais j'espérais que l'écoute empêcherait la jalousie. Ça n'a pas fonctionné. En grandissant,

Marie devenait de plus en plus charmante, adorable et extravertie. Exactement l'opposé de Claude qui était très timide, introverti et avait du mal à se faire des amis. Les choses n'ont fait qu'empirer. Le plus difficile pour moi, c'était l'habitude de Claude d'ennuyer sa sœur, sans raison évidente. Ça m'énervait vraiment.

J'ai dit à Claude que je l'aimais autant que Marie, mais ça n'a pas semblé le faire... J'ai expliqué que l'amour d'une maman grandit toujours. Mais il comparait de plus en plus ce que tous deux recevaient ou ne recevaient pas. Selon lui, elle passait plus de temps avec moi, recevait plus de caresses, passait plus de temps avec papa. Je lui ai expliqué que dans la vie, les choses ne sont pas toujours « égales » mais ça n'a pas aidé non plus !

Hier, une amie m'a donné le livre *Frères et sœurs sans rivalité*. Je l'ai terminé en fin d'après-midi, j'ai eu la soirée et la matinée pour le mettre en pratique. Les résultats sont extraordinaires ! Depuis ce matin, ils n'ont eu qu'une seule dispute, un vrai miracle ! Ils ont même trouvé une solution qui convenait aux deux. J'ai aussi écrit tout ce qu'ils se reprochent et tout ce qu'ils aiment l'un de l'autre. Un succès ! Après que Marie ait exprimé qu'elle aimait que Claude lui lise des livres, il s'est assis et lui a lu six livres !

Quelques mois plus tard, nous avons reçu une lettre, la suite de cette lettre :

Ma maison est transformée ! Maintenant, j'entends très souvent Marie pleurer et Claude lui dire aussitôt : « Non, non, ne pleure pas Marie, trouvons une solution. » Je n'entends plus aucun commentaire disant que Marie obtiendrait plus de caresses, de vêtements ou de jouets. Une semaine après avoir fait la liste de ce qu'ils aimaient et n'aimaient pas l'un à propos de l'autre, nous avons consulté cette liste à nouveau. Le premier commentaire de Marie a été : « J'aime Claude, il est gentil avec moi. » L'effet a été incroyable sur Claude. C'était la confirmation de son nouveau comportement envers elle.

Voici un autre exemple : il y a environ un mois, Marie a déclaré qu'elle avait peur d'aller dans son placard (petite pièce servant de débarras à côté de leur chambre) parce que : « Claude dit qu'il y a un loup là-dedans ». J'allais dire à Claude comme il était idiot de faire peur à sa sœur mais avant de parler, j'ai réfléchi, je me suis demandé : « Qu'est-ce qu'Adele et Elaine diraient ? » Puis j'ai dit : « Claude, peux-tu aller dans cette pièce sortir le loup de là, s'il te plaît ? »

Il est aussitôt monté à l'étage. Quand il est revenu, il a dit à Marie qu'il avait tué et mangé le loup, ce qui a semblé la rassurer. Plus tard, Claude m'a confessé qu'il lui avait raconté cette histoire de loup pour qu'elle arrête de changer sans cesse de vêtements, une de ses activités préférées, qui me rend folle moi aussi.

Comment vous remercier ?!

I. Les rivalités précoces

Partir du bon pied

« Comment aborder le mieux possible les problèmes particuliers qui surgissent entre frères et sœurs, et ce, dès leur tout jeune âge ? » était un des sujets de discussion qui revenait constamment lors des ateliers que nous avons animés suite à la publication de notre livre. Voici des suggestions de participants que nous avons trouvées particulièrement valables :

« J'ai l'impression que les habiletés dont vous nous parlez ont plus de chances de fonctionner si la relation entre les enfants est globalement positive. Si, à la base, ils se perçoivent l'un l'autre comme des casse-pieds ou bien que selon eux, les autres sont pénibles ou que ce sont des rivaux ; alors ils seront très peu motivés à bien réagir aux habiletés. Si Papa dit : "Le câlin que tu viens de faire au bébé l'a fait pleurer.", le grand frère peut secrètement se réjouir. Je pense donc qu'il est important de faire, le plus tôt possible, tout ce que nous pouvons pour encourager de bons sentiments entre eux. Les enfants ont besoin de vivre beaucoup d'expériences agréables ensemble pour qu'au moment où les conflits et les bagarres éclatent, comme ça va arriver tôt ou tard, ils aient tous envie de revenir à la relation positive qu'ils connaissent.»

De nombreux hochements de tête ont suivi cette déclaration et beaucoup d'exemples sont allés dans ce sens.

Vous vous amusiez tellement bien

Si les enfants courent sauvagement à travers la maison et que le plus grand fonce accidentellement dans le plus petit, lorsque le petit vient me voir en pleurant et dit : « Antonin m'a fait tomber», je réponds : « Oh non! Tu ne voulais surtout pas ça. Vous vous amusiez tellement bien.» Ça semble aider les deux garçons à récupérer plus rapidement et à se rappeler ce qui est agréable dans leur relation.

Tu sais ce que les garçons ont fait aujourd'hui...

Parfois, je m'assure que les garçons m'entendent raconter les choses agréables qu'ils ont faites ensemble. En leur présence, je pourrais dire à mon mari : « Tu sais ce que Daniel (4 ans) a appris à Samuel (2 ans) aujourd'hui? Il lui a montré comment sauter entre le tabouret et le gros pouf.» Dan fait un grand sourire. « Et Sam a eu l'idée de se cacher sous le fauteuil et de faire semblant qu'il était une tortue.» Et c'est au tour de Sam de faire un grand sourire.

Demande à ta sœur, elle sait bien faire

Très souvent, lorsque ma petite de 2 ans me demande de l'aide pour quelque chose, je choisis de la diriger vers sa sœur. Je lui dis : « Demande à Mélisandre de t'aider. Elle est très habile pour enfiler des perles » ou « pour faire des nœuds » ou « pour découper », peu importe. Sans que je m'y attende, je les découvre parfois assises toutes les deux par terre en train de travailler ensemble.

Quelle chance d'avoir un tel frère

La première fois que mon fils de 3 ans est arrivé à l'improviste pendant que je faisais des « mamours » au bébé, lui disant comme elle était précieuse, j'ai lu une détresse profonde dans ses yeux. Je me suis aussitôt mise à dire à ma fille des mots d'amour au sujet de son frère. J'ai continué encore et encore à lui dire d'une voix chantante comme elle était une petite fille chanceuse d'avoir un frère si spécial, capable de mettre ses souliers tout seul, d'aller sur le petit pot, de conduire son tricycle et tout ce à quoi j'ai pu penser. Evan avait l'air fier et heureux. Je me suis sentie géniale d'avoir été capable de leur donner à tous deux, au même moment, ce dont ils avaient besoin.

Des activités agréables pour tous les âges

J'ai réfléchi à toutes les activités possibles que mes enfants de 20 mois et 4 ans pourraient aimer faire ensemble. Emma fait des bulles et Lilou peut les éclater. Emma marche autour de la pièce pendant que Lilou frappe sur un tambour. Pendant que l'une s'assied sur un camion de pompier, l'autre la pousse. Une peut conduire le camion pendant que l'autre dirige la circulation en disant quand arrêter et quand repartir. Tout ça les a grandement aidées.

J'entends des pleurs

Chaque fois que j'entends pleurer dans la pièce voisine, mon premier réflexe serait de courir et d'accuser le plus grand d'avoir fait mal au plus jeune. Je sais que ce serait dévastateur pour leur relation mais impossible d'ignorer les pleurs. Depuis peu, j'ai trouvé une super solution. Je crie : « J'entends des pleurs. Avez-vous besoin d'aide ou c'est possible de régler ça entre vous ? » La première fois que je l'ai dit, il y a eu un long silence. Puis, j'ai entendu le grand dire : « On peut régler ça entre nous. » C'est ce qu'il répond la plupart du temps lorsque j'utilise cette approche. Il se sent aussi à l'aise de m'appeler pour me demander de les aider à résoudre un problème. Ça me convient très bien comme ça. Je veux que mes deux garçons sachent que c'est légitime de demander de l'aide quand ils en ont besoin.

Quelle équipe vous faites toutes les deux !

J'avais l'habitude de faire des petits concours entre mes deux jumelles lorsque je voulais qu'elles fassent quelque chose rapidement. Je disais : « Qui peut finir de s'habiller en premier ? » ou « Qui sera la première à avoir rangé tous ses jouets ? » Tout ce que je pouvais dire pour les faire bouger. J'ai réussi à les mettre en action mais les retombées ont été désastreuses. La gagnante chantait victoire : « Na na nère, j'ai gagné ! » Et la perdante pleurait et se fâchait contre sa sœur.

Puis, j'ai lu une suggestion dans le livre *Siblings Without Rivalry* : « Quelle équipe vous faites toutes les deux ! », j'ai donc changé ma tactique. Le concours, c'est maintenant

de se mettre à deux pour gagner contre l'horloge. Je dis :
« Je mets 5 minutes à la minuterie. Et vous deux, êtes-
vous capables de mettre vos bas[23] et vos chaussures avant
que la sonnerie ne se déclenche ? Ce petit changement a
fait toute la différence ! Maintenant, elles ricanent, courent et s'entraident. Et peu importe qu'elles soient plus
rapides que l'horloge ou pas, je déclare : « Quelle équipe
vous faites toutes les deux ! », leurs visages s'illuminent
lorsqu'elles entendent cela.

Je me sens bien moi aussi parce que j'imagine que si
elles apprennent dès maintenant à travailler en équipe,
elles sauront comment se serrer les coudes lorsqu'elles
seront grandes.

Droits de propriété

Les luttes quotidiennes autour des droits de propriété sont
une source importante de frustration pour les parents de jeunes
enfants. Des parents médecins, avocats, voir chefs d'entreprises
sont souvent renversés par la légitimité complexe des déclarations du genre : « C'est à moi !... Non, à moi... », « Oui je
sais, c'est à toi mais tu ne l'as pas touché depuis des mois, alors
pourquoi ne peux-tu pas laisser ta sœur jouer avec ça ? ». Ce qui
peut sembler tout à fait raisonnable pour des parents provoque
des crises monumentales de la part du propriétaire indigné.
Et, lorsque le jugement est inversé : « Oh, d'accord, passe-le à
ton frère, de toute façon, c'est le *sien* », d'autres cris s'ensuivent
de la part du frère ou de la sœur qui vient d'être défavorisé.
Considérant le nombre incalculable de jouets sur lesquels se
prononcer : balles, blocs, poupées, camions, etc, qui peut même
se rappeler ce que grand-papa a donné au Noël précédent quand
les deux en réclament à grands cris le droit de propriété ? Ce ne
sont pas des problèmes faciles à résoudre. Voici les réflexions et
expériences des parents de notre groupe :

---

23. Utilisé au Canada pour désigner des *chaussettes*.

Une règle au sujet
des droits de propriété

« Je ne veux pas vivre dans une famille où l'on se dispute pour une foule de petites choses. Je pense que c'est important d'établir une règle générale au sujet des droits de propriété. J'ai expliqué à mes enfants (3 ans et 4 ans 1/2) que la plupart des objets dans la maison sont là pour être partagés. Papa vient tout juste de s'acheter un ensemble de tournevis, mais si j'en ai besoin d'un, Papa ne va pas dire : "Non, tu ne peux pas l'avoir, c'est à moi." Moi, je viens tout juste de m'acheter un nouveau mixeur mais si Papa veut l'utiliser, je suis bien d'accord qu'il le prenne. Je ne dirai jamais : "Que je ne te vois pas toucher à ça, c'est à moi." La règle générale, c'est donc que la plupart des objets ici, peuvent être utilisés par tous ceux qui les veulent ou en ont besoin.

Mais j'ai aussi expliqué que certains objets sont tellement spéciaux ou nouveaux ou délicats, tels que l'appareil photo que Papa a reçu pour son anniversaire ou ma nouvelle guitare, que ces choses-là, on ne veut pas les prêter. Vous pouvez garder les vôtres dans un endroit spécial et les autres demanderont la permission avant de les utiliser. Donc, s'il y a certains jouets que vous ne voulez pas que les autres touchent ou utilisent, vous indiquez aux autres quels sont ces jouets et l'endroit où vous prévoyez de les ranger pour que les autres respectent ça. »

Une pancarte pour indiquer
la propriété privée

« Chez nous, nous avons attribué à chacune de nos filles, une étagère sur laquelle ranger leurs objets précieux, avec leur nom et une pancarte de propriété privée. Ce qui veut dire que si quelqu'un veut utiliser ces jouets, cette personne *doit* d'abord demander au propriétaire. Et lorsque l'étagère commence à déborder, comme c'est régulièrement le cas, nous faisons une revue des jouets qui doivent absolument rester là et de ceux qui peuvent faire partie de la propriété commune. »

Une envie étrange

« En théorie, l'idée de la propriété commune est très bonne. Mais quand mon plus grand garçon voit son petit frère jouer avec quelque chose, il lui arrache des mains. Comme si c'était compulsif. J'avais l'habitude de le réprimander. "Arrête ! Quel est ton problème ? Ne vois-tu pas qu'il est en train de jouer avec ?" ou bien "Laisse ton frère tranquille. Il l'avait en premier !" Mais ça n'aidait pas. Finalement, je me suis assise avec mon grand garçon et nous avons discuté de cette envie étrange de prendre les choses des mains de quelqu'un. "Même si tu sais que tu ne devrais pas, quelque chose à l'intérieur te pousse à le faire. Il pourrait y avoir une centaine de jouets dans la pièce, mais pour une raison ou une autre, le jouet le plus intéressant est dans les mains de l'autre."

Nous en avons beaucoup parlé, comme si c'était une bizarrerie que font les gens, ni bonne ni mauvaise, juste quelque chose qu'une personne ressent. Cette conversation a marqué un point tournant. Souvent maintenant, s'il avance la main pour prendre quelque chose des mains de son frère, je l'arrête. Et il ne s'oppose plus. Nous nous regardons tout simplement et nous disons à haute voix tous les deux, mi-tristes mi-souriants : "Le jouet le plus intéressant est dans les mains de l'autre." »

Prendre des mains : une stratégie en deux étapes

« Une approche qui m'a aidé sur ce problème de prendre les choses des mains de l'autre c'est de reconnaître le sentiment puis de rediriger le comportement inacceptable. Par exemple, si l'une de mes filles "pique" un jouet des mains de l'autre, je dis : "Oh, Alicia, tu as vraiment envie de jouer avec le bâtonnet à bulles de Juliette, tout de suite. C'est difficile d'attendre. La règle, c'est de ne pas prendre les choses des mains des autres. Mais tu peux dire à Juliette que tu veux t'en servir juste après. Elle aime partager."

Puis, je dis à Juliette : "Quand tu auras fini de faire des bulles avec ton bâtonnet, pourras-tu le dire à Alicia parce qu'elle veut jouer avec après toi." Puis, je prends Juliette par la main et je dis : "Trouvons un autre jouet intéressant en attendant." Le truc, et je ne peux pas toujours le faire, c'est d'essayer de m'occuper des besoins et des sentiments des deux en même temps. »

Punir... ou ne pas punir

Voici une question qui revient constamment dans nombre de nos ateliers : « Si un frère ou une sœur, pour quelque raison que ce soit, fait mal à un autre, ne devrions-nous pas punir ? » Et surtout, si vous lui avez dit des centaines de fois « d'utiliser les mots plutôt que les poings ». Mais s'il continue à frapper ? À un moment donné, ne faut-il pas prendre des mesures plus drastiques ? Ne faudrait-il pas le priver de quelque chose qu'il aime, son émission de télé favorite ou tout au moins « l'isoler » ?

Nous avons demandé au groupe. Le consensus, c'est que même si la punition arrête l'agresseur de façon temporaire, à long terme elle fait du tort à la relation. L'agresseur aurait désormais des raisons d'en vouloir au frère ou à la sœur qui aurait provoqué cette punition. Et la victime risquerait d'être moins en sécurité lorsque les deux seraient seuls.

Les mêmes dynamiques s'appliquent à « l'isolement ». Une maman a raconté qu'elle était en visite chez sa sœur qui a des jumeaux de 3 ans. Un des garçons l'a prise par la main, a pointé la chaise dans le coin de sa chambre et il a dit : « C'est la chaise de réflexion. Je frappe mon frère. Ils me mettent sur la chaise. Je réfléchis. Je me lève. Et je le frappe encore. »

En dépit de l'accord général concernant les effets secondaires négatifs liés à la punition et les « temps d'isolement » des doutes persistaient. Une femme a dit : « Je pense encore qu'il y a des moments où il faut punir. Ce matin même, Justine (4 ans) a poussé Olivier avec tant de force (il a seulement 18 mois) qu'il est tombé et s'est frappé la tête contre le sol. Il a hurlé si fort que j'en ai perdu la tête. Ce n'était pas la première fois qu'elle lui faisait une telle chose. Je lui ai dit qu'elle était vraiment une méchante fille et qu'elle devait aller dans son coin de "réflexion.", qu'elle devait y rester jusqu'à ce qu'elle apprenne à mieux se comporter. Et je l'ai laissée là jusqu'à ce que la gardienne arrive. Comment aurais-je pu faire autrement? »

Le défi qu'elle avait à surmonter a provoqué une discussion animée. Nous étions tous d'accord qu'on ne peut pas permettre à l'enfant plus vieux de faire du mal au plus jeune. D'un autre côté, certains exprimaient de la sympathie envers l'enfant plus vieux. Ce n'est pas facile, pour aucun enfant, d'avoir à supporter un petit frère ou une petite sœur de 18 mois. Plusieurs parents ont décrit le problème opposé, ce sont leurs jeunes enfants qui enlèvent les jouets des mains des plus vieux, les mordent, les griffent et qui frappent ou crient lorsqu'ils ne peuvent obtenir ce qu'ils veulent. Nous savons que ces enfants sont dans une phase normale de leur développement. Les enfants qui ne savent pas encore parler expriment leurs besoins par des gestes. Néanmoins, plusieurs personnes dans le groupe sentaient que c'était la responsabilité des parents d'enseigner aux plus vieux comment intervenir avec les plus petits sans leur faire de mal.

La maman de Justine a persisté. « Comment je m'y prends au juste ? », a-t-elle demandé.

Une mère a aussitôt répondu : « Ma fille m'imite. Quand je perds patience et que je dispute son frère, j'entends des mots aussi méchants que les miens sortir de sa bouche peu de temps après. Mais si je dis quelque chose comme : "Benjamin, on ne mord pas Maman ! Tu peux mordre ton doudou ou ton ourson.", 5 minutes plus tard, j'entends ma fille lui donner des choix elle aussi. »

Un père a dit : « J'essaie de dire à mon fils de 5 ans ce que j'attends de lui. Je lui ai déjà dit : "Je sais que c'est difficile d'être près de ta sœur quand elle frappe, mais tu ne peux pas la frapper en retour. Elle est encore très petite et elle a beaucoup de choses à apprendre. Mais si nous faisons tous notre travail, Maman toi et moi, et que nous lui enseignons de meilleures façons d'obtenir ce qu'elle veut, doucement elle comprendra ce qu'elle peut faire et ne peut pas faire." »

« Vous mentionnez plein de façons différentes de prévenir les coups, a dit la maman de Justine, mais je ne sais toujours pas comment m'y prendre *après* que l'aînée a frappé son petit frère. Si la punition n'est pas la réponse, que faire d'autre ? »

« J'ai une idée, a dit une femme. Pensez-vous que ça aiderait de vous asseoir avec Justine pour faire une résolution de problème ? Non pas quand vous êtes encore en colère. Mais après avoir réconforté le petit. Quand vous vous sentez toutes les deux plus calmes. »

La maman de Justine avait l'air sceptique. « Une résolution de problème ?...Avec un enfant de 4 ans ? »

Quelqu'un a suggéré d'en faire l'expérience. Est-ce que la femme qui avait proposé la résolution de problème était d'accord de jouer le rôle de la mère de Justine pour voir comment l'échange se passerait ? Et est-ce que la mère de Justine acceptait de jouer le rôle de sa fille ? Les deux femmes étaient d'accord.

Voici comment la scène s'est déroulée quand elles ont joué chaque étape du processus de résolution de problème :

Première étape : Écouter le point de vue de l'enfant.

LA MÈRE :   Benjamin t'a tellement mise en colère ce matin que tu as senti le besoin de le pousser.

JUSTINE :   Il est tannant[24].

LA MÈRE :   Il t'ennuie vraiment.

JUSTINE :   J'étais en train de construire un circuit pour mon train et il n'arrêtait pas de prendre mes affaires.

LA MÈRE :   C'est vraiment frustrant qu'on prenne tes pièces quand tu essaies de les assembler. Fait-il autre chose qui t'agace vraiment ?

JUSTINE :   Il prend toujours mes jouets et il mange ma pâte à modeler, il a même cassé ma boîte à surprise.

LA MÈRE :   Il fait donc beaucoup de choses qui te dérangent.

JUSTINE :   Ouais !

Deuxième étape : Exprimer votre point de vue.

LA MÈRE :   Ça me dérange vraiment quand un de mes enfants fait du mal à l'autre.

**Troisième étape : Inviter votre enfant
à chercher des solutions avec vous.**

LA MÈRE :   Essayons de réfléchir ensemble pour trouver ce que tu pourrais faire quand Benjamin t'ennuie, des moyens qui seraient bons pour toi et bons pour Benjamin.

---

24. Une petite Française dirait plutôt *enquiquineur* ?

Quatrième étape : Écrire toutes les idées, sans les évaluer.

JUSTINE :   L'enfermer dans sa chambre.

LA MÈRE :   O.K., j'écris ça, quoi d'autre ?

JUSTINE :   (*en riant maintenant*) L'attacher à une chaise.

LA MÈRE :   J'ai noté, quoi encore ?

L'échange est devenu plus sérieux, le groupe a écouté avec la plus grande attention. « La mère » a souligné le fait que parfois, les personnes d'une famille font des choses qui mettent les autres en colère, mais elles doivent trouver des manières de vivre ensemble sans se faire mal les unes les autres. Voici la liste de solutions qu'elles ont toutes deux acceptées :

Solutions

1. Pousser doucement la main de Benjamin en lui disant : « Je joue avec ça pour l'instant. Je te dirai quand j'aurai fini, tu pourras alors avoir ton tour. »

2. Donner à Benjamin quelques pièces de ton jeu, comme quelques morceaux de rails et un wagon du train ou quelques blocs de bois.

3. Offrir des choix à Benjamin. Lui dire ce qu'il peut prendre : « Tu peux jouer avec mon tableau et mes crayons ou bien avec ma boîte à outils. »

4. Jouer avec tes affaires sur une table plus haute où Benjamin n'a pas accès.

5. Jouer avec des choses comme de la peinture ou de la pâte à modeler pendant que Benjamin fait sa sieste.

6. Si tout ça ne fonctionne pas, demander de l'aide. Dire : « Maman, j'ai besoin d'aide ! », et maman va arriver.

La démonstration terminée, beaucoup de participants ont réagi :

« Je ne vois pas pourquoi cette approche ne fonctionnerait pas avec la vraie Justine. »

« Ce que j'aime, c'est le fait que ça libère la mère. Elle peut être du côté de sa fille plutôt que contre elle. »

« J'ai noté que c'était difficile pour elles d'en arriver à des choses réalistes, possible à faire avec un très jeune enfant. C'était tout un travail que de trouver des solutions ! »

« Oui, mais c'est ce travail qui fait que les solutions vont être utilisées. »

La maman de Justine écoutait. Elle nous a fait un grand sourire. « Vous savez comment j'ai trouvé ça ?, a-t-elle demandé. En jouant Justine, en me mettant dans sa peau, je l'ai vraiment comprise. Je suis impatiente d'être de retour à la maison pour jouer le rôle de la vraie maman. »

Les récits

La partie la plus gratifiante lorsqu'on anime des ateliers pour parents de jeunes enfants, c'est d'écouter les récits la semaine suivante. Voici des échantillons de ceux qui nous ont fait sourire.

La première histoire démontre clairement le contraste entre ce qui se passe quand on utilise les méthodes typiques du genre : ordres, menaces, avertissements, pour arrêter les comportements non voulus. Et ce qui arrive du moment que les sentiments sont reconnus. C'est beaucoup plus facile pour un enfant de changer son comportement quand quelqu'un accepte les sentiments intenses qu'il vit.

Je veux le bâton d'Antoine

LA SCÈNE : J'essaie de faire du jardinage pendant que mes trois enfants, Eliott et Mathilde (des jumeaux de 4 ans) et Antoine (2 ans), jouent dehors autour de moi. Je suis un peu loin d'eux, accroupie au-dessus de mon parterre de fleurs à côté de la maison. J'enlève les branches qui jonchent les rhododendrons et je les empile à côté d'un buisson. Les enfants prennent des bouts de bois de la pile qui grossit et les utilisent pour s'en faire des bâtons de jeu... Tout à coup, un conflit éclate.

ELIOTT :   Donne-moi ce bâton ! (*Il essaie d'arracher la branche des mains de son petit frère.*)

ANTOINE :   Non. Mon bâton. (*Il se sauve en courant le plus loin possible d'Eliott.*)

ELIOTT :   Je veux celui-là. Laisse-le moi. (*Il court après Antoine et attrape la branche.*)

ANTOINE :   Waaah ! (*Tout en réussissant à tenir fermement la branche.*)

MAMAN :   (*Sortant la tête de derrière les buissons.*) Qu'est-ce qui se passe ?

ANTOINE :   Eliott prend bâton à moi.

MAMAN :   Eliott, laisse Antoine tranquille.

ELIOTT :   Mais j'ai besoin de ce bâton.

MAMAN :   Tu n'as pas besoin du bâton d'Antoine, tu as ton bâton.

ELIOTT :   (*Lance sa branche par terre.*) C'est pas un bon bâton.

MAMAN :   Alors, prends-en un autre.

ELIOTT :   Je n'en veux pas un autre. Je veux celui d'Antoine.

MAMAN :   Tu ne peux pas avoir celui d'Antoine, il l'a pris en premier.

MATHILDE :   Tiens Eliott, tu veux le mien ?

ELIOTT :   Non, pas le tien, celui d'Antoine. Antoine, donne-moi ce bâton tout de suite.

MAMAN :	(*Sort de derrière son buisson et cherche dans la pile de branches.*) : Regarde, Eliott, voici un bon bâton. Il y a même des feuilles sur celui-ci. Et en voici un autre, il est vraiment long.
ELIOTT :	(*qui crie*) : Ces bâtons sont nuls ! Je ne veux pas de ces bâtons nuls !
MAMAN :	Eliott, si tu ne cesses pas de crier immédiatement, tu rentres à la maison pour un « temps de réflexion ».
ELIOTT :	(*continue de crier*) Je n'ai pas besoin d'un temps de réflexion. J'ai besoin d'un bâton ! Antoine ferait mieux de me donner ce bâton tout de suite.
MAMAN :	(*qui se souvient enfin de reconnaître les sentiments des enfants*) Eliott, tu veux vraiment le bâton d'Antoine.
ELIOTT :	Oui ! Je le veux.
MAMAN :	(*empathique*) Tu penses que le bâton d'Antoine, c'est le meilleur et tu es déçu de ne pas pouvoir l'avoir.
ELIOTT :	Ouais… Ouais. Eh Mathilde, regarde le papillon ! Courons-lui après. (*Il court après le papillon.*)
MAMAN :	(*restant debout la bouche ouverte*) Bon sang, ça a marché !

Une mère décrit sa nouvelle façon de réagir quand tous les membres de la famille sont fâchés les uns contre les autres.

Je fais du théâtre

Quand toute la famille se met en colère, je fais du théâtre… et ça marche. La dernière fois que c'est arrivé, j'ai dit d'une voix très forte : « Dites-donc, *tout le monde* est fâché dans cette maison ! Je suis fâchée, Zoé est fâchée,

Noah est fâché et Papi est fâché. Même les chats sont fâchés! Prenons quelques minutes avant de se retrouver pour une gentille collation dans la salle à manger.» Quelques minutes plus tard, ils sont tous sortis de leurs trous et nous nous sommes assis à table. J'ai dit : « Waouh! il vient tout juste d'y avoir une explosion familiale. C'est comme si quatre volcans étaient entrés en éruption et devinez quoi? Nous avons tous survécu! Personne n'a perdu d'oreille, n'a reçu de coup de pied puant, personne n'a été enlevé par Voldemort[25], nous sommes tous vivants. Waouh! Ça roule ici! » Tout le monde s'est mis à inventer ce qui ne nous est pas arrivés... Et nous avons ri.

Une mère a écrit une note pour son enfant qui ne savait pas encore lire, ce qui a lancé une mode dans le groupe. Les trois histoires suivantes nous montrent le pouvoir des mots écrits pour le « Cercle des enfants d'âge préscolaire ».

Les frères ne sont pas faits pour être bousculés

Mon fils d'un an commence tout juste à marcher. Celui de 3 ans passe son temps à le faire trébucher. Un jour, j'ai décidé de coller une pancarte sur le dos du tee-shirt du bébé. Il était écrit : « Un frère, c'est fait pour être aimé, pas pour être bousculé. » Puis, j'ai lu le message au plus âgé. Il a effectivement arrêté de renverser son frère.

Lettre de bébé sœur

Ma fille de 5 ans avait un rhume, alors je lui ai demandé de ne pas s'approcher du nouveau-né. À mesure que la journée avançait, je lui avais demandé plusieurs fois de rester loin du bébé, mais en vain. Finalement, j'ai décidé

---

25. Harry Potter.

de lui écrire une note comme si cette note avait été écrite par le bébé. Voici ce que j'ai écrit :

Chère Élisabeth,

Quand tu seras guérie, tu pourras me tenir dans tes bras autant que tu le voudras.

Tendrement
Anaïs

Élisabeth était enchantée de cette note. Elle me l'a fait lire de 15 à 20 fois au cours des journées suivantes. Et elle ne s'est pas approchée du bébé.

Je veux une affiche moi aussi!

J'étais en train de devenir folle. Chaque matin, entre 4 et 6 heures, Léandre, mon fils de 2 ans et demi, descendait de son lit, grimpait sur le bord du lit du bébé et le réveillait pour « jouer » avec lui. Mathias, le bébé de 9 mois, se mettait alors à pleurer. À ce signal, je courais dans la chambre, tirais Léandre de là et lui donnais une tape sur le derrière. Ça le faisait pleurer et du coup le bébé pleurait encore plus fort. Ce petit « manège » a duré pendant des semaines.

Un jour, dans le livre *How to Talk so Kids Will Listen,* j'ai lu qu'on pouvait écrire des notes aux enfants même s'ils sont encore trop jeunes pour lire. J'ai pensé : « Qu'est-ce que j'ai à perdre ? » J'ai donc dit à Léandre : « Mathias ne peut pas écrire. Il a besoin de quelqu'un pour l'aider à écrire une affiche pour son lit. Tu es plus grand et tu peux écrire. » Je lui ai donné des crayons et du papier, il a gribouillé dessus. Et puis, j'ai écrit sur la même feuille : « Ici, c'est le lit de Mathias. Défense d'approcher ! »

J'ai collé l'affiche sur le mur au-dessus du lit du bébé. Léandre m'a demandé : « C'est écrit quoi ? » Je l'ai lue pour lui. Il a répondu : « Je veux une affiche moi aussi. »

Ensemble, nous avons fait une autre affiche qui disait :
« Ici, c'est le lit de Léandre, défense d'approcher. »
Croyez-le ou non, ça fonctionne ! Chaque matin maintenant, Léandre pointe l'affiche au-dessus du lit du bébé et dit : « Défense d'approcher ! » Et maintenant le bébé qui a commencé à parler, imite son frère en disant : « En-É-É ! »

J'aime mordre !

J'étais à bout de nerfs. Récemment, Jade (3 ans) avait commencé à mordre sa sœur Lily (5 ans). Rien de ce que j'avais pu dire ou faire ne l'avait arrêtée. Ça semble un peu fou d'essayer de faire une résolution de problème avec un enfant de 3 ans, mais j'étais désespérée. Le matin suivant notre dernière rencontre, j'ai pris un papier et j'ai dit aux deux que j'allais écrire tout ce qu'elles ressentaient à propos des morsures. Jade, la « mordeuse », était tout excitée, mais Lily, la « mordue », a répondu : « C'est stupide ! »

Voici ce que Jade m'a demandé d'écrire (j'ai eu du mal à garder un visage neutre pendant que j'écrivais) :

- J'aime mordre.
- Ça fait du bien de mordre.
- Ça m'amuse de mordre.

Puis Lily a dit : « Je veux une liste moi aussi ! » Pour elle, j'ai écrit : « Lily est fâchée quand sa sœur la mord et elle ne sait pas pourquoi elle fait ça. »

Nous avons ensuite dressé une liste de *solutions*. La liste incluait des choses comme :

- Mordre des aliments.
- Utiliser des mots.
- S'en aller.

Depuis ce temps, chaque fois que Jade s'apprête à mordre, Lily crie : « La liste! Souviens-toi de la liste! » Et Jade s'arrête tout simplement dans son élan et bat en retraite. C'est stupéfiant, c'est comme lever un crucifix devant un vampire. Un jour Jade a couru jusqu'au frigo et elle est revenue avec une pomme entre les dents. Au supermarché, à une autre occasion, elle était particulièrement frustrée, elle a essayé de me mordre à la cuisse. Tout compte fait, elle y arrive nettement mieux.

II. Seuls à la maison

Les parents de nos ateliers avec des enfants plus âgés avaient des soucis différents. Beaucoup de ces mères et pères sur le marché du travail avaient des emplois à l'extérieur de la maison. La plupart des mères ou pères monoparentaux faisant partie de nos groupes n'avaient pas d'autre choix que de laisser leurs enfants scolarisés seuls à la maison après l'école. Plusieurs heures sans surveillance, ces enfants n'avaient pas d'adultes responsables pour se charger de les guider et pour empêcher les comportements violents qu'ils pouvaient se faire subir les uns aux autres. Au travail, ces parents se préoccupaient de ce qui se passait à la maison. Pour les participants de nos groupes qui étaient des beaux-parents, ces problèmes étaient encore plus complexes. Chaque ensemble de frères et sœurs qui étaient laissés seuls, devait s'accorder sur les règles des différentes familles, leurs dynamiques, leurs valeurs, les différents styles de vie et les personnalités. D'une manière ou d'une autre, tous devaient pouvoir coopérer raisonnablement comme une équipe.

Un consensus dans nos groupes, c'était qu'étant donné le laps de temps si court dont disposaient les parents pour être avec leurs enfants, il fallait capter toutes les opportunités de nourrir les relations. Sans compter qu'il fallait aussi apprendre à leurs enfants et beaux-enfants comment interagir de façon polie et sans danger.

Au fil de nos rencontres, les parents nous ont fait de nombreux récits des façons dont ils étaient parvenus à mettre leurs nouvelles habiletés et convictions en action. Voici les expériences les plus mémorables qu'ils ont partagées avec nous.

C'est à toi de lui dire

Pour expliquer ce qui m'emballe tant au sujet de ce qui s'est passé hier, il faut que je commence par vous raconter ce que je fais habituellement quand Lucie (11 ans) se plaint de Léo (13 ans). Voici un exemple d'une de nos conversations typiques :

LUCIE :   (*Première chose que j'entends sortir de sa bouche en arrivant à la maison.*) M'man, Léo est tellement méchant. Je le déteste.

MOI :   Pourquoi? Calme-toi. Qu'est-ce qui s'est passé? Qu'est-ce qu'il a fait?

LUCIE :   Il m'a chassée de sa chambre, juste parce que ses idiots d'amis sont venus à la maison. Il a dit : « Sors d'ici petite peste. »

MOI :   Eh bien, est-ce que tu l'embêtais?

LUCIE :   Non! Tout ce que j'ai fait, c'est lui demander de me prêter sa gomme à effacer[26] et il ne voulait pas me la prêter.

MOI :   Quoi!? Il ne t'aurait même pas prêté une gomme à effacer?

LUCIE :   Non, et j'en avais besoin pour faire mes devoirs.

MOI :   Bon, je vais parler à ton frère ce soir. Et ne t'inquiète pas ma belle, il ne le refera plus.

LUCIE :   Bien, dis-lui!

---

26. Au Canada, le mot *gomme* utilisé seul, c'est du *chewing-gum*, vous comprenez qu'on n'emprunterait pas une *gomme*!

Mais je n'ai pas dit ça. J'ai complètement retourné l'affaire. Je n'ai pas pris parti, je n'ai pas essayé de juger qui avait raison et qui avait tort et je n'ai pas disputé Léo. J'ai plutôt essayé de mettre en pratique plusieurs choses que j'ai apprises ici, ce qui a fait toute la différence. Alors voici ce qui s'est réellement passé :

LUCIE :	Léo est tellement méchant. Je le déteste.
MOI :	Oh, il a dû faire quelque chose qui t'a réellement mise en colère.
LUCIE :	Il m'a chassée de sa chambre. Il a dit : « Sors d'ici petite peste. »
MOI :	Ça t'a sûrement blessée.
LUCIE :	Oui ! Et il a dit ça devant ses amis.
MOI :	Ça peut être embarrassant.
LUCIE :	Ça l'était ! Il aurait pu me dire ça gentiment.
MOI :	(*Ça m'a pris un bon moment avant de pouvoir dire ce qui suit et je l'ai dit très lentement.*) Donc, tu aimerais que Léo sache que s'il veut être seul avec ses amis, il n'a qu'à te le dire gentiment, sans t'insulter.
LUCIE :	Ouais... Ou sans me brusquer. Tu vas lui dire ?
MOI :	(*C'est la partie dont je suis la plus fière.*) Ma belle, si ça vient de moi, ça va simplement le mettre encore plus en colère contre toi. C'est à toi de lui dire. Tu peux lui dire ce que tu viens tout juste de me dire. Tu l'as dit très clairement. Il n'a pas besoin de t'embarrasser ou de te brusquer. S'il veut être seul en compagnie de ses amis, tout ce qu'il a à faire, c'est de te le dire gentiment et tu vas t'en aller.

Elle n'a pas semblé beaucoup aimer... Mais elle ne s'est pas opposée. Et même si elle avait protesté, ça ne m'aurait pas prise de court. Je sais que je suis sur la bonne voie. En lui fournissant exactement les mots qu'elle peut utiliser pour dire à son frère ce qui la dérange, je lui montre comment l'approcher de façon à ne pas provoquer de disputes entre eux quand je ne suis pas là.

Écrivez-moi ça

Je pensais que lorsque mon fils et ma fille seraient adolescents, je n'aurais plus à régler leurs « trucs » de frères et sœurs. Ces derniers temps, ils sont devenus si mesquins l'un vis-à-vis de l'autre que c'est pratiquement impossible de cohabiter avec eux. C'est encore pire depuis que ma femme a repris le travail. Dès la minute où j'entre à la maison, avant même que je ne dépose mon porte-documents, chacun essaie de me prendre à part pour se plaindre de l'autre.

Toutefois, hier soir, je me suis préparé. J'ai écouté en silence pendant un moment. Puis, j'ai tendu un crayon et une feuille à chacun en disant : « Écoutez tous les deux, chacun a beaucoup de choses qui le dérangent à propos de l'autre. J'aimerais que vous m'écriviez tout ça. Assurez-vous de les mettre en ordre d'importance. »

Ils ont embarqué. Ils se sont tous deux assis à la table de cuisine et se sont mis à écrire frénétiquement. J'ai quitté la pièce. De retour au bout d'environ 10 minutes, j'ai vu que ma fille avait listé sept plaintes au sujet de son frère. Il avait quatre items sur sa feuille à lui. Les deux continuaient d'écrire. Je suis allé dans la salle de séjour pour terminer un rapport sur l'ordinateur.

Le lendemain matin, au moment où je me préparais à partir pour le travail, j'ai entendu des sons étranges dans la maison. Des rires. J'entendais aussi hurler des chiffres.

« Deux!

– Oui mais sept.

– Non, cinq!

– Et n'oublie surtout pas le trois! »

– Encore des rires.

J'ai fini par comprendre que les chiffres étaient des raccourcis de ce qu'ils avaient écrit. Ce n'est pas la façon habituelle de communiquer des gens, mais pour ces deux-ci, c'était une toute première trêve dans leur guerre froide !

Répétez et effacez

La meilleure chose que j'ai apprise lors de ces rencontres, c'est le fait de ne pas avoir à prendre parti lorsque les enfants se disputent. Mais j'avais de sérieux doutes quant à vos recommandations. Juste être là, à répéter l'idée principale du message de chacun. La semaine dernière, j'ai eu l'opportunité d'essayer ça.

Voici ce qui s'est passé :

Je m'habillais pour aller travailler quand j'ai entendu des cris perçants en provenance de la chambre de mes deux filles. Je me suis précipitée et les ai surprises à se pousser violemment.

Moi : Arrêtez ! Eh bien ! vous êtes vraiment fâchées l'une contre l'autre !

Carole : (*12 ans*) Elle ne veut pas me laisser prendre mes bas !

Moi : Amélie, Carole dit que tu ne la laisses pas prendre ses bas.

Amélie : (*10 ans*) Oh ! oui, c'est ça ! J'étais en train de sortir mes collants et elle a refermé le tiroir sur ma main. Elle aurait pu me casser la main.

Moi : Carole, Amélie dit que tu as refermé le tiroir sur sa main.

Carole : Comment aurais-je pu prendre mes bas autrement ? Et en plus, c'est moi qui avais ouvert mon tiroir en premier.

Moi :	Amélie, Carole dit que son tiroir était le premier ouvert.
Amélie :	Bien sûr qu'il était ouvert, mais elle n'était pas là. Qu'est-ce que j'étais supposée faire? Rester là en attendant que Son Altesse Royale décide de revenir?

Quel travail ardu que d'essayer de refléter ce que chacune disait à l'autre. C'était aussi un gros désastre. Je n'étais même pas certaine de comprendre de quoi elles parlaient. Soudainement, je me suis rappelée l'idée « d'effacer » dans le livre *Liberated Parents, Liberated Children*.

Moi :	Savez-vous ce que je fais quand je me retrouve dans une situation aussi embrouillée que celle-ci avec quelqu'un, quand ça semble impossible d'arranger les choses? J'efface toute l'affaire et je recommence du début. (*Je fais le geste d'effacer sur le mur.*) Bon, le tableau est nettoyé. Vous pouvez recommencer du début. Je m'en vais. Je vous souhaite beaucoup de chance.

J'ai alors quitté la chambre en refermant la porte, mais je dois confesser que je suis restée derrière la porte pour écouter ce qui se disait. Voici ce que j'ai entendu.

Carole :	D'accord. Amélie. Là tu vas dire : « Carole chérie, voulais-tu prendre tes bas dans ce tiroir ouvert? » Et je vais dire : « C'est correct, chère sœur. Prends tes collants en premier. »
Amélie :	Chère sœur. C'est débile! Donne-moi mes collants. Je suis en retard pour l'école.

C'est tout. C'était fini.

J'espère qu'elles vont se souvenir de cette idée « d'effacer » et l'utiliser quand je ne suis pas là.

La boîte à humeur

Je me suis rendu compte qu'une des raisons qui faisait que mon fils et mon beau-fils ne s'entendaient pas, même s'ils avaient tous les deux 10 ans, c'est parce qu'ils étaient insensibles aux humeurs l'un de l'autre. Quand un était maussade, l'autre était joyeux. Quand un avait envie d'être seul, l'autre voulait jouer. Je voyais toujours venir la collision majeure, mais de leur côté, aucun ne semblait être capable de tenir compte des sentiments de l'autre. Quand j'étais à la maison, je pouvais les aider à comprendre les changements d'humeur de l'autre mais comment faire lorsque je n'étais pas là pour jouer le rôle d'interprète.

Puis je me suis rappelée avoir lu, dans *Liberated Parents, Liberated children*, qu'un enfant avait fabriqué une boîte à humeur. J'ai décidé de leur fabriquer à chacun, ce genre de boîte. Assemblé avec du papier cartonné et du ruban gommé[27], le cube aurait une couleur sur chacun de ses côtés. Les couleurs représenteraient les différentes humeurs. Quand les garçons ont vu ce que j'étais en train de faire, ils s'y sont intéressés et m'ont aidée à élaborer un code de couleurs. Voici ce qu'ils ont décidé.

Gris	=	fatigué
Bleu	=	déçu
Rouge	=	fâché
Noir	=	minable
Jaune	=	joyeux
Vert	=	correct

L'idée, c'est de dire au reste de la famille « où j'en suis », en plaçant la couleur indiquant l'humeur du moment sur le dessus de la boîte. Les enfants l'utilisent encore. Un jour, Jules est arrivé à la maison, aussitôt, il a eu l'air bouleversé. « La boîte de Simon est du côté noir. Qu'est-ce

---

27. Utilisé au Canada pour éviter l'anglicisme *scotch*.

qui est arrivé ? », a-t-il demandé. Je lui ai expliqué que Simon avait eu une mauvaise journée en sports. Je me suis aperçue qu'il avait essayé d'être plus gentil avec lui.

Une autre fois, Simon est arrivé dans la cuisine en disant : « Oh ! Oh ! Je ferais mieux de ne pas emprunter son gant de baseball maintenant. Sa boîte est du côté rouge ! »

Ces deux petites boîtes ont fait une grande différence dans la vie de nos fils. En fait, ça nous a tous aidés a être plus sensibles les uns par rapport aux autres, y compris mon mari !

III. D'autres façons d'encourager les bons sentiments entre frères et sœurs

Après la publication du livre *Siblings Without Rivalry* et les nombreux ateliers qui ont suivi, de nouvelles idées sont apparues ainsi que plus de clarté au sujet des anciennes. Voici ce que nous avons senti comme étant particulièrement important que les parents sachent :

Assurez-vous que chaque enfant obtienne du temps seul avec vous, plusieurs fois par semaine.

Dans le monde d'aujourd'hui où tout est si rapide et impersonnel, c'est essentiel de passer du temps seul avec nos enfants. Ceux-ci s'épanouissent en contact avec la chaleur et l'intimité que procure ce temps « en privé » avec leurs parents. Cette connexion directe est une nourriture émotionnelle dont les enfants ont besoin pour être plus sensibles, ou tout au moins, plus tolérants envers leurs frères et sœurs. Jean sera moins enclin à se disputer avec sa sœur pour se faire remarquer s'il sait que vous aurez du temps disponible pour lui, où il vous saura *tout à lui*, présent pour n'écouter *que lui*.

Quand vous réservez du temps « juste pour vous deux », honorez-le. Ne laissez pas un appel téléphonique rompre l'ambiance. Votre enfant se souviendra toujours de vous avoir entendu dire : « Bonjour Madame Thériault. Est-ce que je peux vous rappeler dans 15 minutes ? Pour l'instant, Jean et moi passons du temps ensemble. » Il y a de fortes chances que, lorsque Jean vous aura senti totalement présent, il soit beaucoup mieux disposé envers ses frères et sœurs. Plus important encore, ça lui donnera un plus grand sens de sa valeur personnelle. Une mère nous a raconté :

De retour chez moi après notre rencontre de la semaine dernière, j'étais déterminée à faire quelque chose pour Tristan, mon garçon du milieu. Il est du genre à s'éclipser complètement, un enfant du milieu typique, ni ici, ni là. Le matin suivant, je lui ai donc demandé s'il me tiendrait compagnie pendant que je faisais les courses, il a semblé heureux de m'accompagner ! Nous discutions dans la voiture, je croyais que tout était merveilleux, quand soudain, il a lancé une bombe. Il a dit : « Je souhaiterais être quelqu'un d'autre. J'aimerais être Charles ou Nicolas. »

Je ne savais pas quoi dire alors je lui ai demandé : « Pourquoi ? » Il a dit : « Charles peut faire tout ce qu'il veut et tout le monde est gaga devant Nicolas. »

J'allais dire qu'il ne devrait pas se sentir comme ça, mais je me suis arrêtée. J'ai dit : « Alors, peut-être que tu aimerais être Charles ou Nicolas mais moi, je n'aimerais pas ça du tout. » Il a demandé : « Pourquoi ? » J'ai dit : « Parce que tu es vraiment spécial. Et si tu devenais n'importe qui d'autre dans la famille, je ne t'aurais plus *toi*... Je n'aurais plus mon Tristan, je serais malheureuse ! »

Vous savez ce qu'il a fait ? Il a étiré le bras et m'a tapoté doucement l'épaule.

Après quoi, je me suis dit qu'un après-midi avec lui, ce n'était pas assez. Tristan avait besoin de beaucoup plus de temps avec moi et avec son père. Il avait besoin de se sentir important à nos yeux.

Quand vous passez du temps avec un enfant, ne parlez pas de vos autres enfants.

Durant votre escapade de magasinage[28] avec Hélène, centrez-vous sur Hélène. Évitez de dire des choses comme : « Regarde ce chandail vert. Il irait si bien à ta sœur, avec ses yeux verts ! » ou « Oh ! Noémie adorerait cette tasse avec une vache dessus ! Achetons-lui pour sa collection de vaches. »

Cette mère n'a pas de mauvaise intention. Elle peut même avoir l'impression qu'elle encourage les enfants à penser les uns aux autres. Mais le plus probable c'est qu'Hélène va penser : « Même quand elle n'est pas ici, Noémie réussit à m'enlever maman. »

Ne cachez pas votre affection ou votre attention pour votre enfant « préféré » afin de compenser celle reçue par un enfant moins « favorisé ».

Certains parents se sentent si coupables quand ils s'avouent qu'ils ressentent un parti pris en faveur d'un enfant, qu'ils font l'extrême inverse. En s'efforçant maladroitement d'équilibrer les choses, ils inondent leur enfant moins « favorisé » de compliments et d'attention exagérée et deviennent distants ou détachés envers l'enfant qui parle à leur cœur. Ce revirement soudain ne peut que créer de la confusion et de la souffrance. L'un pense : « Qu'est-ce qui ne va pas ? Qu'est-ce que j'ai fait ? Ma mère ou mon père ne m'aiment plus. » Et l'autre sent que « quelque chose ne va pas... quelque chose sonne faux ici ! »

Chaque enfant a surtout besoin de ses parents de l'appréciation totale et réaliste de ce qu'il est, lui.

---

28. Utilisé au Canada pour éviter l'anglicisme *shopping*.

N'enfermez pas les enfants dans une position de la constellation familiale (aîné, benjamin, enfant du milieu). Permettez à chaque enfant de faire l'expérience des privilèges et des responsabilités que vous accorderiez aux autres.

Une des choses susceptibles de créer de profonds ressentiments entre frères et sœurs, c'est lorsque les parents leur demandent de toujours jouer un rôle lié à leur position dans la famille. C'est impossible d'inverser leur ordre de naissance mais on ne doit pas non plus leur faire jouer indéfiniment un rôle en fonction de cette position dans la constellation familiale. Voici ce qu'ont fait certains participants :

> Mes filles (9 et 5 ans) sont des exemples typiques de l'aînée « super sérieuse » et de la cadette très « bébé ». Samedi dernier, j'ai fait quelque chose que je n'avais jamais fait auparavant. J'ai téléphoné à ma sœur et lui ai demandé de faire un échange avec nos enfants. Je lui ai dit que je prendrais son enfant de 2 ans pour l'après-midi si elle voulait prendre la mienne de 9 ans pour jouer avec ses cousines adolescentes.
>
> Eh bien, mes deux filles ont vécu une expérience merveilleuse ! Celle de 5 ans a été occupée tout l'après-midi à jouer à la « grande sœur » avec sa cousine de deux ans, se donnant beaucoup d'importance dans son rôle d'aînée. De retour à la maison, celle de 9 ans jubilait tellement ses cousines avaient été gentilles avec elle. Elles l'avaient parée de bijoux de fantaisie, elle l'avaient coiffée, elles lui avaient même appris à danser la *Macarena*. Elle a adoré être le centre d'attention et être traitée aux petits soins par ses cousines.

* * *

Depuis la naissance de mon deuxième enfant, ma fille aînée me demandait de jouer au « bébé » avec elle, maintenant, je n'essaie plus de l'en dissuader. J'étais mal à l'aise face à un enfant de 4 ans qui réclamait sans cesse un biberon. Mais depuis peu, je joue avec elle. Je lui ai acheté un biberon jouet, je l'ai rempli d'eau et lui ai demandé : « Veux-tu ton biberon maintenant, bébé ? D'accord, le voici. » Une fois, je lui ai demandé : « Veux-tu que ce soit toi ou moi le bébé ? » Nous avons donc alterné de nous donner le biberon l'une à l'autre. Elle s'est tellement amusée que, pendant une semaine, elle a voulu recommencer ce jeu tous les jours. Et puis un après-midi, alors que nous étions en train de jouer au jeu du bébé, elle a mis le biberon de côté en disant : « Maintenant, déguisons-nous. »

* * *

UN SOIR AVANT LE SOUPER, j'ai dit à ma fille de 10 ans de ne pas s'occuper de mettre la table, de simplement se détendre et de lire un livre. Puis j'ai demandé à mon fils de 6 ans de m'aider à ranger les courses et à mettre la table. Il était tout excité. Il se sentait important. Et l'aînée était vraiment contente de ne pas être la seule à toujours devoir m'aider dans les tâches ménagères.

Ne vous laissez pas prendre au piège du « tous ensemble ».

L'image d'une famille unie, qui a du plaisir à faire une sortie « tous ensemble », est très attrayante. Mais pour certains enfants, l'obligation de passer de longs moments en compagnie d'un frère ou d'une sœur peut ajouter un stress additionnel à une relation déjà tendue (sans mentionner le stress des parents occasionné par plusieurs heures en compagnie d'enfants « chamailleurs »).

Prenez une merveilleuse journée au zoo : les plus petits doivent presser le pas pour essayer de suivre les plus grands. Un grand prend de l'avance et appelle le petit « l'escargot » (*Celui-ci pleure.*). Le petit veut s'arrêter pour manger. Le grand n'a pas encore faim. Les deux se plaignent : « Pourquoi on doit toujours faire ce qu'il veut, lui ? » (*Ça se dispute.*). Le grand veut voir les serpents. Le petit a peur des serpents (*Encore une dispute et des larmes.*). Le petit est soudainement fatigué et veut retourner à la maison. Le grand est fâché. Il n'a pas encore vu les serpents (*Encore une dispute et des larmes.*).

Si les enfants traversent une période où ils s'irritent constamment les uns les autres, nous suggérons aux parents de ne pas les soumettre au « tous ensemble ». Cela ne servirait qu'à les éloigner davantage.

Il serait plus profitable de prévoir diverses combinaisons adulte/enfant.

- Papa peut sortir avec un enfant pendant que maman reste à la maison avec l'autre.

- Maman peut sortir avec un enfant pendant que papa reste à la maison avec l'autre.

- Tout le monde va au zoo, on se sépare, et on se rencontre pour le repas.

Tout ce qui est suceptible d'offrir à chacun un peu d'espace pour respirer.

Faites savoir à chaque enfant ce que les autres enfants aiment ou admirent chez lui.

Très souvent, deux enfants vont se comporter comme des ennemis jurés parce qu'ils n'ont pas conscience des sentiments d'admiration et d'affection qu'ils éprouvent l'un pour l'autre. Le simple fait de connaître les sentiments positifs d'un frère ou d'une sœur peut changer leur relation de façon spectaculaire. Un des pères de notre groupe a partagé l'expérience suivante, tirée de sa propre enfance :

> Mes sœurs et moi nous querellions tout le temps, c'était violent pour tout le monde, et probablement, surtout pour nos parents. Comment ont-ils fait pour désamorcer tout ça? Pour m'arrêter de rouer mes petites sœurs de coups? Ils m'ont dit : « Simon, écoute. Rends-toi compte que tes jeunes sœurs t'estiment énormément. C'est simple : elles t'admirent tellement qu'elles font des choses

pour essayer de t'impressionner.» Cette pensée m'a tout de suite radouci. La fois suivante, alors que je m'apprêtais à leur donner une raclée, j'ai pensé : « Eh bien ! peut-être que mes parents ont raison.» Et ça m'a calmé. En tout cas, c'est ce qui m'a arrêté.

* * *

C'EST SEULEMENT ADULTE, après avoir discuté toute une nuit à cœur ouvert avec mon frère, que j'ai réalisé toute la douleur que nous aurions pu nous épargner, si enfants, nous avions su ce que nous éprouvions réellement l'un envers l'autre. Parce qu'il était un frère aîné, c'était comme un Dieu pour moi ! Beau, populaire, musicien talentueux… Je ne comprenais pas pourquoi il était si cruel et méchant envers moi. J'étais sûr qu'il me détestais.

Alors, même si je l'admirais tant, je consacrais toute mon énergie à me battre avec lui. Je sentais que je devais faire tout ce que je pouvais pour lui rendre la monnaie de sa pièce, pour lui faire mal avant qu'il ne me fasse mal.

Mais à l'entendre parler, l'histoire était tout autre. Il a avoué avoir toujours considéré que j'étais génial, beau et hyper intelligent. Il admirait mes résultats scolaires et se sentait tellement médiocre, si honteux de ses résultats minables. Alors il se vengeait de la seule façon qu'il connaissait, par des taquineries et des méchancetés. Moi, je me vengeais en le coupant en petits morceaux au moyen de mon intellect et de mes sarcasmes.

Si seulement l'un de nous avait pu prendre conscience de l'immense affection et de l'admiration que nous éprouvions l'un pour l'autre, comme ça nous aurait aidés !

Quand j'ai dit ça à ma mère, elle s'est défendue : « Pourquoi aurais-je dû vous dire comment l'autre se sentait ? C'était évident pour moi qu'au fond, vous vous aimiez tellement.»

Ce n'était pas du tout évident pour nous !

Prévoir des réunions de famille

On ne s'attend pas à ce que notre voiture fonctionne sans ravitaillement en carburant et sans entretiens périodiques, pourtant, on voudrait bien que nos familles fonctionnent sans ces inspections régulières. Les parents et enfants qui ont organisé des réunions de famille ont complètement adhéré au principe. Une adolescente nous a dit : « C'est une merveilleuse façon de prévenir l'escalade des tensions familiales. Nous nous asseyons et nous parlons des activités, des tâches, de qui veut faire quoi, de qui veut échanger quoi, et de qui est gêné par quoi. » Sa mère a ajouté : « C'est le moment où nous pensons de façon créative à nos besoins et aux moyens de se soutenir les uns les autres. »

Dans une famille, le papa a parlé de son énervement concernant les cris et les querelles à l'arrière de la voiture lors d'un récent trajet. Il a demandé des idées pour s'assurer que ces trajets soient sûrs et agréables pour tous. Une pluie de suggestions est arrivée : apporter des livres, jouer à des jeux, se raconter des blagues, faire des devinettes, chanter des chansons. Le plus beau dans tout ça, c'était la détermination grandissante qu'il fallait désormais que ces trajets soient moins stressants pour Papa.

Dans une autre famille, avec six enfants et peu de moyens financiers, les enfants ont décidé que chacun ferait les tâches des autres le jour de leur anniversaire, ce serait leurs cadeaux.

Une mère nous a écrit pour nous raconter sa toute première réunion familiale. Voici son rapport :

Je voulais que ce soit agréable, j'ai donc écrit des invitations séparées à mes enfants de 6 et 7 ans.

Réunion familiale

Endroit : Table du repas
Moment : Vendredi à 18 h 30
Habillement : Décontracté
Nous avons besoin de *toi*!

Les réactions des filles n'ont pas été encourageantes. Elles ont dit : « Oh, je n'y vais pas. » « De quoi allons-nous discuter ? » « C'est comment "décontracté" ? » « Je veux qu'on parle de ça à notre réunion familiale... »

Le jour est arrivé. Papa a insisté pour que ça se passe dans la salle de séjour pour que ce soit plus confortable. J'ai demandé que le premier sujet à l'ordre du jour soit un plan de secours en cas d'incendie. Nous avons discuté de toutes les précautions à prendre. Après quoi, nous avons discuté des différentes affaires familiales : qui promènerait le chien les matins d'école, quel film louer pour la fin de semaine suivante. Puis, il y a eu un moment de silence. Notre fille de 6 ans a dit : « Vous savez, je pense que nous sommes vraiment une famille cool[29]! Je suis vraiment contente d'être dans cette famille. » Notre fille de 7 ans a renchéri : « Moi aussi, j'aime notre famille. » J'ai eu les larmes aux yeux. Une chose aussi simple qu'une réunion de famille capable de donner un résultat si puissant ! Et ça n'a duré que 15 minutes. Ce soir-là, nous nous sommes sentis particulièrement proches.

---

29. Ce mot anglais, nous l'utilisons aussi au Canada !

Conclusion

Nous espérons que l'ajout de ce nouveau chapitre vous sera utile. Même s'il démontre comment les relations entre frères et sœurs peuvent être améliorées grâce à l'intervention habile d'un adulte, et parfois de façon saisissante ; il est toutefois important de garder en tête que toutes nos interventions ne fonctionneront pas toujours parfaitement, ni de façon permanente.

Les relations entre frères et sœurs sont fluides, changeantes et constamment en devenir. À certaines périodes de leur vie, frères et sœurs s'éloignent ou se rapprochent. En tant que parent, nous ne pouvons exiger qu'ils maintiennent entre eux des relations immuables, proches, aimantes. Toutefois, nous pouvons, avec habileté et bonne volonté, dégager les obstacles qui nuisent habituellement à l'harmonie entre frères et sœurs pour que la voie soit libre lorsqu'ils seront prêts à se rapprocher les uns des autres.

Le défi est difficile à relever. Mais seulement difficile, pas impossible. Nous devons gérer nos propres sentiments, aider nos enfants à gérer les leurs. Aussi « récolter » les émotions brutes, colériques, déroutantes, générées par la rivalité entre frères et sœurs et les utiliser. Oui, les utiliser pour grandir en tant qu'êtres humains plus sensibles, conscients et aimants. Les utiliser pour apprendre à vivre ensemble malgré nos très grandes différences.

La famille, c'est l'endroit où nous apprenons nos compétences relationnelles. Notre façon d'entrer en relation avec nos enfants et de leurs apprendre à être en relation les uns avec les autres, même en pleine dispute, c'est peut-être le cadeau le plus durable que nous leur offrons.

Frères et sœurs, après tout

Par Adele Faber et Elaine Mazlish
Du livre : *Between Brothers and Sisters*

Mère… Père… Enfant
Un tout petit univers
de veilleurs et veillé
de rêveurs et du rêve devenu réalité.
Un univers d'amour.

Pourquoi le faire éclater ?
Pourquoi un autre enfant ?
(ou deux ou trois ou plus)
Pour le moment, pour étendre l'univers
Plus de chaleur. De joie.

Des frères et sœurs qui rient et s'aiment
Modelant leur enfance de centaines d'événements joyeux
Confidents et amis
Un Rempart. Forts et en sécurité ensemble
dans un monde froid, indifférent.
Là l'un pour l'autre quand nous n'y sommes plus.
Douce vision de l'harmonie entre frères et sœurs !

Tu vas voir, tu vas aimer ce bébé.
Ce sera ton bébé à toi aussi.

Non !

Il est là !
Né.
Qui est cet étranger ?
C'est quoi un « frère » ?
C'est quoi une « sœur » ?

UN VOLEUR
du temps pour nous deux seulement
UN PARASITE
de bras et de genoux
UN CAMBRIOLEUR
de chansons, d'histoires et de sourires, juste pour toi.

Va-t'en, étranger.
Pars et ne revient plus.
Jamais!

Mais, s'il doit rester, comment faire?

SOIT!

Mouille ton lit
suce ton pouce
et pleure, pleure, pleure.
Ou
Frappe-le. Embrasse-le. Mords-le. Taquine-le. Joue avec lui.

Jouer avec lui?
Coucou
Pataugeons dans la boue
Pousse la balançoire
Tire le chariot
C'est mon tour, bébé pleurnicheur,

Maman va en avoir un autre?
Pas encore!

POURQUOI?
Et encore moins pour nous maintenant.

Eh ben... amusons-nous.
Bataille et chahut.
Cache-cache
Course jusqu'en bas de la colline
J'ai gagné!

Billes
Échecs
Petits chevaux
Huit... Rami... Guerre...
Tricheur! Menteur! Sors de ma chambre!

Allons à la plage
Patinons sur l'étang
Traînons dans les rues
Nous faisons la fête
Non, tu ne peux pas venir. Mes amis ne veulent pas de toi.
Quand est-il devenu plus grand
que moi?
Quand est-elle devenue plus belle
que moi?
Il est si intelligent. Maman le préfère.
Elle est si gentille. La fille à papa.
Ils sont dégoûtants!

Mais
tu peux lui dire des choses intimes
et elle ne le dira pas
Et il t'aidera avec tes maths
Et elle te défend quand papa crie
Et il te prêtera son appareil photo « si tu en prends soin ».
Et elle t'écoute quand tu lui donnes des conseils
Et il te protège des voyous du quartier.

Dispersés maintenant
Occupés
Écoles différentes, chemins différents.
Un courriel... de temps en temps
Un coup de téléphone... par ci par là.

Retour à la maison pour les vacances.
Embrassades et Bonheur.
Tu as l'air en pleine forme!

Quand t'es-tu fait couper les cheveux?
Quand t'es-tu fait pousser la barbe?
La table est superbe.
Ça sent bon tout ça.
Enfin, chez nous!
Chacun sa chaise habituelle.

Tu manges encore comme un cochon...
Je blague.
Tu te comportes encore comme un malade...
Je blague.

Les enfants! Les enfants!

Alors, t'as laissé tomber les maths. Ça paraît logique.
Tu penses que tu me connais?
Il se vante seulement.
Comme d'habitude.

Les enfants, ça suffit!

Deux personnes assises sur une chaise de frère et de sœur
L'adulte que c'est
L'enfant que c'était
Enfermés dans le passé.
Quand allons-nous nous voir tels que nous sommes?
Tels que nous efforçons de devenir

Désolé si je t'ai blessé.
Je me rappelais que tout le temps, tu...
Mais c'est parce que tout le temps tu...
J'ai jamais fait ça.
Tu l'as fait aussi.
Eh ben, si je l'ai fait c'est parce que je me sentais...
Je ne le savais pas.
Eh bien, maintenant, tu le sais
Oh.

Enfin des adultes!
La rivalité est finie. Pas besoin de compétition.
Chacun notre chez nous
Notre propre travail
Nos propres amours.
Mon frère, le professeur, gagne moins d'argent.
Ma sœur, l'infirmière, a eu plus d'enfants.
Mes enfants sont plus intelligents que les siens.
Ma maison est plus grande que la sienne.

Qu'est-ce qu'on fait pour Maman?
On ne peut pas la mettre dans un foyer.
Elle ne voudra jamais y aller.
Je ne la laisserai pas.
Peut-être que tu pourrais la prendre chez toi
Pourquoi moi?
Tu es sa préférée.
Je l'ai gardée pendant un mois cet été.
Mais moi je lui rends visite tous les jours.

Nos enfants sont grands.
Nos parents sont partis.

On est encore là.
Mon frère, ma sœur, moi.

Tellement étrange. Il tourne sa tête grisonnante et rit
et revoilà le petit garçon.
Elle bouge sa main ridée
et revoilà la petite fille.
Te rappelles-tu quand...
Oh oui, oh oui! Te rappelles-tu quand...

Mon frère, ma sœur, moi.
Tu as été chez le docteur?
Qu'est-ce qu'il t'a dit?
Une autre opinion?
Je suis là si tu as besoin de moi.

Réconforts d'aujourd'hui
Gardiens de nos souvenirs
Garde notre jeunesse et notre passé vivant
Camarades d'une histoire.

Personne ne se soucie de
qui est le meilleur
qui est le pire
qui en a le plus
qui en a le moins.
Satisfaits de notre lien
on est des frères et sœurs
après tout.

Pistes de lectures supplémentaires

Balter, Lawrence et Anita Shreve (1985). *Dr. Balter's Child Sense : Understanding and Handling the Common Problems of Infancy and Early Childhood.* New York, Poseidon Press.

Un guide chaleureux et léger pour les parents de jeunes enfants. Il comprend des suggestions pratiques pour faciliter l'arrivée du « nouveau bébé ».

Bank, Stephen P. et Micheal D. Kahn (1982). *The Sibling Bond.* New York, Basic Books.

Une exploration fascinante de plusieurs types de relations frères-sœurs et de l'immense impact que les frères et sœurs ont sur la vie les uns des autres.

Baruch, Dorothy Walter (1949). *New Ways in Discipline.* New York, McGraw-Hill.

Un livre révolutionnaire riche en idées créatives pour aider les enfants à faire face aux sentiments « fou-furieux » qu'ils éprouvent envers leurs frères et sœurs.

Faber, Adele et Elaine Mazlish. *Liberated Parents, Liberated Children : Your guide to a Happier Family* (2004). New York, Harper Collins.

Les auteures présentent un compte-rendu personnel des années où elles ont suivi des ateliers avec le Dr Haim Ginott. Par le biais de récits, ce livre est tissé d'exemples qui démontrent des façons d'aborder les sensibilités liées aux problèmes de rivalité.

Faber, Adele et Elaine Mazlish. *How to Talk So Kids Will Listen & Listen So Kids Will Talk*. (2012). New York, Scribner. (2012). *Parler pour que les enfants écoutent, écouter pour que les enfants parlent*. Cap-Pelé Canada, Aux Éditions du phare.

Recommandé pour deux raisons :

Le langage autoritaire ou blessant que les frères et sœurs utilisent entre eux est le résultat direct de la façon dont maman ou papa leur parlent. *Parler pour que les enfants écoutent…* offre un modèle du type de communication respectueuse que la plupart des parents aimeraient entendre leurs enfants utiliser lorsqu'ils se parlent entre eux.

Les enfants qui ont une image positive d'eux-mêmes ont moins tendance à attaquer leurs frères et sœurs et sont plus enclins à s'entraider. Toutes les habiletés présentées dans *Parler pour que les enfants écoutent…* contribuent à développer l'estime de soi.

Ginott, Haim (2003). *Between Parent and Child*. New York : Three Rivers Press.

Un chapitre de ce livre explique très clairement les origines de la jalousie entre les enfants, ainsi que les attitudes qui l'encouragent et comment s'y prendre pour aider les enfants aux prises avec ces problèmes. Il décrit aussi des enfants qui ont eu besoin de psychothérapie à cause de sentiments de rivalité trop intenses.

Kohn, Alfie (1986). *No contest; The Case Against Competition*. New York, Houghton Miflin.

Provocante, cette recherche menée avec soin vient défier nos croyances culturellement répandues qui valorisent la compétition.

Meyer, Donald J. et Patricia F. Vadasy (2000). *Sibshop : Workshop for Siblings of Children with Special Needs*. Baltimore, Md : Paul H. Brooks Publishing CompanyHarper.

Façons novatrices de réconforter les enfants dont les frères et sœurs ont des besoins spéciaux et de leur redonner du pouvoir.

Orlick, Terry (1977). *Winning Through Cooperation – Competitive Insanity : Cooperative Alternatives*. Washington, D.C. Hawkins and Assoc.

Les jeux compétitifs peuvent être une très grande source de stress entre les frères et sœurs. Un monde nouveau de bons sentiments et d'esprit d'équipe s'ouvrent quand les enfants et les familles se mettent aux jeux coopératifs.

Reit, Seymour (1985). *Sibling Rivalry*. The Bank Street College of Education Child Development Series. New York : Ballantine.

Un regard sur les problèmes créés par la rivalité entre les frères et sœurs et des idées très sensées pour aider à régler ces problèmes. Une bonne description des problèmes spéciaux que rencontrent les jumeaux et les beaux-enfants.

Stark, Vikki (2007). *My sister, Myself*. New York : McGraw-Hill.

Une étude fascinante sur comment les sœurs affectent profondément leurs vies respectives.

Comment poursuivre la démarche?

- Vous désirez développer davantage les habiletés de communication présentées dans ce livre?
- Vous souhaitez rencontrer d'autres parents et discuter avec eux de la façon d'appliquer ces habiletés?
- Vous voulez obtenir des renseignements additionnels à propos des ateliers créés par Faber et Mazlish?
- Vous aimeriez recevoir une formation en vue d'offrir vous-même ces ateliers à des parents?
- Vous désirez vous procurer un des ouvrages de Faber et Mazlish ou du matériel d'atelier?
- Vous vous posez d'autres questions à propos de la communication parents-enfants?

Vous pouvez obtenir quelques réponses pertinentes en vous adressant à l'un ou l'autre des endroits suivants, selon la langue qui vous convient :

Dans les dernières pages de ce livre, on trouve une brève description des autres ouvrages de Faber et Mazlish qui sont actuellement disponibles en français chez Aux Éditions du Phare.

En langue anglaise :

info@fabermazlish.com

Téléphone : 1-800-944-8454

Faber Mazlish Workshops, LLC

P.O. Box 1072

Carmel, NY USA 10512

En langue française :

info@auxeditionsduphare.com

Téléphone : 1-506-577-6160

Aux Éditions du Phare

1234, allée des Hirondelles

Cap-Pelé (N.-B.) Canada E4N 1R7

Adele Faber et Elaine Mazlish

OUVRAGES DISPONIBLES EN FRANÇAIS

PARLER AUX ADOS POUR QU'ILS ÉCOUTENT,
LES ÉCOUTER POUR QU'ILS PARLENT

Débordant de suggestions concrètes qui s'adressent à la fois aux parents et aux adolescents, ce tout dernier ouvrage présente des techniques innovatrices et éprouvées pour édifier des relations durables. Les parents y trouveront des outils efficaces pour aider leurs enfants à naviguer sans danger sur les eaux souvent turbulentes de l'adolescence.

PARLER POUR QUE LES ENFANTS ÉCOUTENT,
ÉCOUTER POUR QUE LES ENFANTS PARLENT

Voici le best-seller qui vous fournira le savoir-faire nécessaire pour être efficaces avec vos enfants. Acclamée par les parents et les professionnels à travers le monde, l'approche réaliste et respectueuse des auteures réduit le stress et accroît la gratification liés aux contacts avec des enfants de tout âge.

PARENTS ÉPANOUIS, ENFANTS ÉPANOUIS

Empreint de sagesse, d'humour et de conseils pratiques, cet ouvrage indispensable fait la démonstration concrète d'un type de communication qui favorise le développement de l'estime de soi, de la confiance en soi et du sens des responsabilités. Une contribution majeure pour la stabilité de la famille d'aujourd'hui.

PARLER POUR QUE LES ENFANTS APPRENNENT, À LA MAISON ET À L'ÉCOLE

Cet ouvrage démontre de façon concrète comment des parents et des enseignants peuvent s'y prendre pour aborder les problèmes quotidiens qui nuisent à l'apprentissage et pour insuffler aux enfants le désir de prendre en main leur propre démarche éducative.

PARLER POUR QUE LES ENFANTS ÉCOUTENT (TROUSSE POUR L'ANIMATION DE L'ATELIER)

FRÈRES ET SŒURS SANS RIVALITÉ (TROUSSE POUR L'ANIMATION DE L'ATELIER)

Deux ateliers pour les parents et les adultes qui désirent s'entraîner en groupe à maîtriser les habiletés de communication présentées dans les livres de Faber et Mazlish. Trousses d'animation et cahiers de travail pour les participants.

L'atelier de groupe

« PARLER POUR QUE LES ENFANTS ÉCOUTENT »

Certaines personnes préfèrent être seules pour se mettre à l'apprentissage des habiletés présentées dans le livre « *Parler pour que les enfants écoutent, écouter pour que les enfants parlent* ». Toutefois, d'autres personnes préfèrent apprendre en groupe, afin de bénéficier de la richesse unique des interactions entre les participants.

Pour ces personnes, Faber et Mazlish ont créé un atelier permettant aux parents intéressés d'animer par eux-mêmes une série de rencontres de groupe, sans l'intervention d'un animateur chevronné.

C'est ainsi qu'est né l'atelier « *How To Talk So Kids Will Listen* » qui a été traduit en plusieurs langues et a déjà fait le tour de la planète.

Le matériel d'atelier traduit et adapté comprend une trousse d'animation qui présente de façon simple, étape par étape, toutes les directives nécessaires pour animer efficacement un groupe de parents intéressés à faire l'apprentissage de ces habiletés. Des cahiers de travail sont également disponibles pour permettre à chacun des participants de compléter les exercices de l'atelier.

www.auxeditionsduphare.com

L'atelier de groupe

« FRÈRES ET SŒURS SANS RIVALITÉ »

Les enfants d'une même famille éprouvent parfois des difficultés à s'entendre. Il leur arrive même de faire face à des conflits assez sérieux. Confrontés à ce genre de situation, les parents qui recherchent des solutions à la fois habiles et respectueuses ont désormais à leur disposition les outils appropriés.

S'adressant aux parents qui ont plus d'un enfant, Faber et Mazlish leur proposent un atelier sur mesure, leur permettant d'aborder efficacement les difficultés d'interaction qui surgissent entre leurs enfants. Le matériel de *« Siblings Without Rivalry »* leur permet de se regrouper avec d'autres parents afin de découvrir ensemble des stratégies et des habiletés applicables à leur situation.

Ce matériel, traduit et adapté en français, comprend une trousse d'animation ainsi que des cahiers de travail pour les participants. Aussi flexible que l'atelier *« Parler pour que les enfants écoutent »*, mais mettant spécifiquement l'accent sur les conflits au sein de la fratrie, l'atelier *« Frères et sœurs sans rivalité »* ouvre de nouveaux horizons aux parents désireux d'explorer la complexité de la relation entre frères et sœurs.

www.auxeditionsduphare.com

ADELE FABER ET ELAINE MAZLISH

Adele Faber et Elaine Mazlish ont acquis une renommée internationale pour leur expertise dans le domaine de la communication adultes-enfants. Des parents du monde entier leur sont reconnaissants et les communautés professionnelles appuient leurs principes avec enthousiasme.

Leur premier livre, *Liberated Parents / Liberated Children,* a reçu le prix Christopher pour souligner « une réussite littéraire affirmant les plus hautes valeurs de l'esprit humain ». Leurs livres subséquents, *How To Talk So Kids Will Listen & Listen So Kids Will Talk* ainsi que *Siblings Without Rivalry,* se sont vendus à plus de 4 millions d'exemplaires et ont été traduits dans plus d'une trentaine de langues. Le magazine *Child* a désigné le livre *How To Talk So Kids Can Learn: At Home and in School* comme étant le meilleur livre de l'année pour sa contribution dans le domaine de l'éducation. Des milliers de groupes, répartis à travers le monde, ont profité des ateliers qu'elles ont créés en vue d'améliorer la communication entre les adultes et les enfants. Leur plus récent livre, *How To Talk So Teens Will Listen & Listen So Teens Will Talk* aborde les problèmes difficiles liés à l'adolescence.

Les deux auteurs ont étudiés avec le regretté Dʳ Haim Ginott, psychologue pour enfants et ancien membre de la faculté de *New School for Social Research* et *Family Life Institute* de Long Island. En plus de leurs nombreuses conférences partout aux États-Unis, au Canada et ailleurs, elles ont été les invités de très populaires émissions de télévision telles que *Oprah* et *Good Morning America*.

Elles vivent toutes les deux à Long Island, aux États-Unis et chacune d'elles est mère de trois enfants.